Klaus Simon

Burgund

DUMONT Reisen für Genießer

Inhalt

Mâcon und der Süden

Nevers und die Loire

Chalon-sur-Saône und die Bresse

Restaurants

Dijon und die Côte d'Or

Autun und der Morvan

Auxerre und der Norden

Mâcon und der Süden

Burgund

französisches Savoir-vivre

Selbstbewusst nennt sich Burgund ›das Herz Frankreichs‹. Was in geografischer Hinsicht unstrittig ist, trifft die volle Wahrheit auch im übertragenen Sinn. In den sanften, mit cremefarbenen Charolais-Rindern gesprenkelten Hügeln des Brionnais, in den ›schwarzen‹ Wäldern des Morvan, in den ummauerten Weingärten der Côte d'Or feiert die von de Gaulle beschworene ›France profonde‹ fröhliche Urständ. Das ›tiefe Frankreich‹ steht für die trägen Wonnen der Provinz: Willkommen im ländlichen, weder von den Zeitläuften noch der Nähe zu Paris beeinflussten Frankreich. Und natürlich »Bon appétit et large soif!« – ›Guten Appetit und großen Durst!‹.

Die Uhren scheinen zwischen Sens hoch im Norden und Mâcon tief im Süden einen Tick langsamer zu gehen. Die Dörfer, in denen der Fortschritt zumindest mit einem Auge argwöhnisch betrachtet wird, prunken mit Kletterrosen an den Fassade – kurzum, sie wirken zutiefst verbummelt. Die Kirche bleibt trotz TGV-Direktanbindung nach Paris, Lyon, der flittrigen Côte d'Azur sowie dem Medienrummel um die alljährlichen Grand-Cru-Versteigerungen in den Hospices de Beaune im Dorf.

Apropos: Auch Burgunds Städte haben menschliches Ausmaß: Dijon zählt im Kern nicht einmal 150 000 Einwohner. Autun, Beaune, Auxerre, Nevers oder Mâcon verzeichnen zwischen 20 000 und 80 000. Burgund bleibt eine Region der Dorfkirchtürme. Im Mâconnais liegt ein erster Hauch Midi in der Luft, doch auch im Norden sorgen die durch die burgundische Pforte säuselnden Südwinde für milde Jahreszeiten. Kriege und Katastrophen haben das Land über Jahrhunderte weitgehend verschont. Uns erwarten Bilderbuchorte, freilich mit Patina und gewiss nicht museal. Es gibt viel zu entdecken. Heimelige Höfe, eine rumpelige Gasse. Ein Schloss, dessen dicke Umfassungsmauern den Bau wie ein Rettungsring vorm Ertrinken im Rebenmeer retten.

Als ›echter Burgunder‹ gilt bei unseren flämischen Nachbarn jemand, der zu Leben versteht – ein Bonvivant also. Das Bild des Bonvivants hängt erst recht den Burgundern selbst an. Das Stichwort ›Savoir-vivre‹ beweist sich in dieser schon von den Römern gehegten Kulturlandschaft nicht als Schlagwort, sondern ist Alltagsprinzip. Die Menschen, denen man im Landgasthof, auf Märkten oder bei der Besichtigung von Schlössern und romanischen Kirchen begegnet, nehmen sich Zeit für die Dinge des Lebens. Als da wären ein ausgedehntes Mahl, eine gute Flasche, ein Schwatz mit dem Nachbarn, der Blick auf ein Renaissanceportal, der Spaziergang über einen Hügel. Das alles gehört zusammen und bereitet ein sinnliches Vergnügen. Letztendlich geht es immer um den Einklang von leiblichem und seelischem Wohl.

Dass die Region Burgund weit über Frankreich hinaus mehr Idee als konkretes Territorium ist, liegt vor allem an ihren Weinen. Rubinrot rollt ein Gevrey-Chambertin im Glas, goldgelb ein Chablis oder Pouilly-Fuissé. Welch ein Segen, welch ein Genuss: Es gibt in Burgund weder Tafel- noch Landweine, dafür um so mehr *Appellations contrôlées*. Übrigens auch die im Vergleich französischer Regionen höchste Anzahl von Dreisternerestaurants.

Hand aufs Herz, das erste Bild, was einem bei Burgund in den Kopf kommt, dürfte das des Clos Vougeot inmitten von Reben sein. Vielleicht auch das einer fetten Wiese mit gemütlichen Charolais-Rindern sowie romanischem Kapellchen auf dem Hügel. Es sind Bilder wie für die Ewigkeit gemacht, Bilder aus der Wiege des Abendlands. Von den großen burgundischen Mönchsorden ging die Revolution der Romanik aus.

Die Mönche aus Cîteaux zivilisieren die mittelalterliche Welt von Portugal bis an die Ostsee. Wichtiger noch, mit den Ordensbrüdern gewann die seit dem Untergang des Römischen Reichs in vielen Teilen Europas darbende Rebe wieder an Terrain.

Abgesehen von Weinen auf absolutem Spitzen- und Kunstdenkmälern von Weltniveau kennt Burgund keine Extreme. Ausgeprägt ist der Sinn für ›le juste milieu‹, die rechte Mitte. Sanft wellen sich die Hügel inmitten eines Mosaiks aus Weinbergen, Wäldern und Wiesen. In keiner anderen Ecke ist Frankreich so ›douce‹ wie in Burgund. Nirgendwo sonst kann man so leicht selig werden. Denn »Burgund ist kein Land, Burgund ist das Leben« hat François Mitterrand einmal gesagt. Der Mann musste es wissen, schließlich war der ehemalige französische Präsident über zwanzig Jahre lang Bürgermeister der burgundischen Kleinstadt Château-Chinon.

Canal de Bourgogne bei Châteauneuf-en-Auxois

Hotels, Chambres d'hôtes, Ferienwohnungen

Hotels, Chambres d'hôtes, Ferienwohnungen

Vielleicht ist Frankreich nirgends so französisch wie in Burgund. Auch an der Hotelrezeption. Wertkonservativ im besten Sinne gibt sich die Hotellerie einer Region, die sich gern als das ›Herz Frankreichs‹ bezeichnet. Man versteht sich in Burgund seit Jahrhunderten  *auf die hohe Kunst des Empfangs, deren Merkmale – Höflichkeit, Zuvorkommenheit, Ungezwungenheit, Diskretion – ein Erbe des vorrevolutionären Frankreichs sind. Den passenden Rahmen liefern viele zauberhafte Hotels, deren Geschichte einem kleinen Abriss über die Architekturstile der letzten 500 Jahre (und mehr!) gleicht. In Burgund kommen Liebhaber*

von vieilles pierres, ›alter Steine‹, wie man in Frankreich alte Gemäuer liebevoll nennt, auf ihre Kosten. Die Nostalgie kennt jedoch beim Komfort kein Pardon – das Bad über den Flur oder das grand lit mit Schaukelqualität sind längst Vergangenheit.

Das Angebot reicht vom Luxushotel in historischen Gemäuern – beliebt sind Schloss und Abtei – bis zum einfachen Dorfgasthof. Während an der Côte d'Or, wohin seit ein paar Ewigkeiten die betuchte Welt zum Weinkauf reist, Schlösser und Winzervillen um den Rang der nobelsten Herberge konkurrieren, herrscht in der Tiefe des Morvan der Dorfgasthof vor. Im Mâconnais verleihen offene Außengalerien vielen Hotels und Gästehäusern nahezu südlichen Flair. Im bäuerlichen Brionnais sind Hotels selten, die Schilder für ein *Chambre d'hôtes* dafür um so häufiger. An der Loire finden sich komfortable Herbergen für den Wochenendausflug – Paris ist nah. Apropos. Als Faustregel gilt: Je weiter das Hotel von der nächsten Autobahn entfernt liegt, desto günstiger wird das Zimmer.

Vergleichsweise günstig ist die Nacht in Burgund allemal, dies um so mehr in der Nebensaison – vorausgesetzt, das Hotel schließt nach der Weinlese und den letzten Weinfesten so um Allerheiligen nicht für ein paar Monate. Zudem ist das Übernachtungsgewerbe wie in ganz Frankreich gut geordnet. Hotels werden nach Sternen (* bis *****) eingeteilt. Frühstück *(petit déjeuner)* ist im Zimmerpreis oft nicht inbegriffen. Zu den meisten Hotels gehört ein Restaurant mit attraktivem Halb- oder Vollpensionsangebot. Wir weisen bei den ausgewählten Objekten darauf hin. Ein Wort zum Frühstück: Je einfacher die Unterkunft, desto eher fällt die erste Mahlzeit französisch aus: Zum Kaffee oder Tee werden Baguette, Croissant sowie Butter und Konfitüre serviert. In den gehobeneren Hotels hat man sich hingegen am Frühstücksbuffet auf die Geschmäcker der weitgereisten Klientel eingestellt. In der Regel gilt der Preis für das Zimmer: Alleinreisende zahlen deshalb soviel wie Paare.

Noble Häuser haben sich etwa in der Vereinigung *Relais & Châteaux* oder den *Relais du Silence* zusammengetan. Erstere bürgen für ein herrschaftliches Ambiente, Letztere garantieren himmlische Ruhe, beide in ihren Restaurants hohe gastronomische Leistungen. Verbreitet sind in der Luxuskategorie noch immer Familienbetriebe. Sogar ein Regelfall ist der Familienbetrieb bei den *Logis de France*. Die gepflegten Traditionshäuser erkennt man am gelbgrünen Kaminsymbol. Solide Preise und in Generationen erworbenes Savoir-faire im Umgang mit dem Gast machen die schlichte Ausstattung wett. Trägt das Haus allerdings drei Kamine, die Höchstwertung, entspricht dies einem deutlichen Mehr an Komfort. Der beste Garant für anspruchsvolles Ambiente, guten Service und gehobene Ausstattung aber sind die Häuser der Vereinigung *Châteaux & Hôtels de France*: Es handelt sich durchweg um kleine und feine Hotels, in denen das Wohl des Gastes und der der Region verbundene Stil des Hauses gleichermaßen groß geschrieben werden.

Zur ernst zu nehmenden Konkurrenz der Hotels haben sich die *Chambres d'hôtes*, die französische Variante des Bed & Breakfast, sowie Gästehäuser, *Maison d'hôtes*, entwickelt. *Chambres* oder *Maison d'hôtes* bedeutet keineswegs schlichter Rahmen. Meist wurde bis in den letzten Winkel restauriert. Die exquisite Einrichtung ist internationalen Interieur-Magazinen nicht selten eine Doppelseite wert. Soviel Hochglanz gibt's nicht gratis: Beim Preis haben die schönsten *Chambres d'hôtes* längst das Niveau eines Mittelklassehotels erreicht. Oft ist auch beim Service die Grenze zum Hotel fließend. Im Gegenzug setzen immer mehr kleine Hotels auf eine private Atmosphäre, die mit dem klassischen Hotelalltag bricht: Gefrühstückt wird nach Laune. Die Konfitüre ist hausgemacht. Im Garten lümmelt man sich so nonchalant wie daheim auf der Terrasse. So lässt es sich leben wie Gott in Frankreich.

1

Le Jacquemart

Karte: G6
21000 Dijon
32, rue Verrerie
Tel. 03 80 60 09 60
Fax 03 80 60 09 69
www.hotel-lejacquemart.fr
Kreditkarten: Euro, Master, Visa
Ganzjährig geöffnet. Kein Restaurant.

Preise: DZ 44–54 €, Frühstück 6 €.

Anfahrt: A 31 (von Nancy oder Beaune) oder A 39 (von Dole, Besançon), Richtung Centre halten. Ausschilderung Palais des Ducs/Préfecture folgen – die Rue Verrerie liegt auf der Rückseite des Herzogspalasts und ist eine Parallelstraße der Rue de la Préfecture. Das Hotel ist ausgeschildert.

Das Hotel: Seltsam genug, dass ausgerechnet die Hauptstadt Burgunds mit Hotels für Genießer spärlich gesegnet ist. Aber dann steht man unversehens beim Bummel durch eine der schönsten Altstadtstraßen Dijons, dazu nur einen Steinwurf vom Herzogspalast entfernt, vor einer schmucken Fassade, an deren schmiedeeisernen, kleinen Balkonen Geranienkästen überborden. Nur drei Etagen hoch ist das Haus. Ganze zwei Sterne darf das Hotel verbuchen. Macht nichts. Denn das ›Jacquemart‹ entspricht mit seiner Attitüde à la *vieille France*, der ruhigen Lage und dem Ausblick auf ein barockes *hôtel particulier* genau dem, was Genießer normalerweise in der Provinz erwarten. Dies kleine Hotel aber liegt so zentral in Dijon, dass man's kaum fassen kann.

Tipp

Die Rue Verrerie ist im oberen Teil *die* Meile für Dijons Antiquitätenhändler: Edel ist das Angebot bei ›Isabelle T‹ (Tel. 03 80 66 71 70), in der ›Galérie des 3 Soleils‹ (Tel. 03 80 48 00 11) oder im ›Au Vieux Dijon‹ (Tel. 03 80 31 89 08). Trödel gibt es um die Ecke in der ›Maison Gossot‹ (2, rue Laudromerie) und ›La Brocante‹ (4, rue Auguste Comte).

Familiär geht es hier zu. Wer zum zweiten Mal kommt, wird bereits als Stammgast begrüßt. Die Zimmer sind in Größe und Ausstattung verschieden und zum Teil mit Antiquitäten möbliert, was der Atmosphäre des knapp 400 Jahre alten Baus entspricht. Zum Zimmer geht es treppauf, treppab durch Flure in Altrosa und Pistazie oder auch durch einen Salon mit wuchtigen Polstermöbeln, die man nicht schön finden mag, aber ganz dem Stil des ›Jacquemart‹ entsprechen: Bürgerlich-gemütlich wäre wohl das richtige Wort. Blümchentapeten, Marmorkamine, plüschige Louis-Philippe-Sesselchen gehören in den Zimmern ebenso wie das *grand lit* dazu. Gefrühstückt wird in einem Saal mit Fototapete (Motiv: Wintergarten mit Palmen). Kurzum, den reizenden Besitzern, Monsieur und Madame Nallet, gelingt das kleine Wunder, die trägen Wonnen der Provinz in der Stadt zu kultivieren. Wozu auch Stille gehört.

Restaurants in Dijon: Le Pré aux Clercs (s. S. 88), Les Oenophiles (s. S. 89), Le Bistrot des Halles (s. S. 90). **Les Gourmets** in Marsannay-la-

Côte (s. S. 91), **L'Auberge de la Charme** in Prenois (s. S. 94).

Besichtigungen: Der **Palais des Ducs et des Etats de Bourgogne** (Höfe frei zugänglich, Innenbesichtigung nur zu besonderen Anlässen) war Herzogspalast, später Sitz des Zweikammerparlaments von Burgund (14.– 17. Jh.) und wurde im 19. Jh. um den Ostflügel (heute Rathaus und Musée des Beaux-Arts) erweitert. Im linken Innenhof (Cour de Flore) Zugang zur Chapelle des Elus (Rokoko), im rechten (Cour de Bar) zu den herzoglichen Küchen. Älteste Teile sind der herzogliche Wohntrakt und die 46 m hohe Tour de Philippe le Bon (15. Jh.). **Notre-Dame** (Mo–Fr 9–18, Sa 9–17, So 12–18 Uhr) ist ein Meisterwerk burgundischer Gotik (1230–1250), mit dem Jacquemart (Turmuhr mit Figurengruppe) am Südturm, den Wasserspeiern der Westfassade und einer hochverehrten schwarzen Madonna (11. Jh.). **St-Bénigne** (9–19 Uhr) war früher Abteikirche und ist heute Kathedrale: Archaisch wirkt die Rotunde der romanischen Krypta. **St-Michel** (10–17.30 Uhr) dokumentiert den Übergang von Hochgotik zu Renaissance. Das **Palais de Justice** (16. Jh.) mit Renaissancefassade und frei zugänglicher *Salle des pas perdus* war Sitz des Parlaments von Burgund. Die **Chartreuse de Champmol** (Führungen über Office de Tourisme) birgt Überreste der Nekropole der Valois. Mosesbrunnen und Kapellenportal sind von Claus Sluter. Von den vielen **hôtels particuliers** nur drei Beispiele: Hôtel Le Belin (1650), Barockpalais mit Louis-XVI-Fassade (9, rue Pasteur), Hôtel Jehanin de Chamblanc (1683), prachtvoller Palast des königlichen

Schatzmeisters Arvist (33, rue Jeannin), Hôtel de Samery (1564), Fensterkreuz aus Stein, Fassade mit Büffel- und Löwenkartuschen, gepflasterter Hof und Gartenterrassen, (19, rue du Petit Potet, Mitte Juni–Mitte Juli 10–18, 30. Aug.–21. Sept. 10–17 Uhr) – ein Faltblatt des Office de Tourisme stellt alle übrigen vor.

Museen: Das **Musée des Beaux-Arts** (Mi–Mo 10–18 Uhr, im Palais des Ducs) hütet die monumentalen Grablegen der burgundischen Herzöge Philipp der Kühne und Johann Ohnefurcht mit Margarete von Bayern sowie gotische Flügelaltäre aus der Kartause Champmol. Das **Musée de la vie bourguignonne** (Mi–Mo 9–12, 14–18 Uhr) zeigt Läden aus dem Dijon des 19. Jh. sowie ländliche Küchen und Stuben. Das **Musée Amora** dokumentiert die Geschichte der Senfproduktion (Mi, Sa Führungen über Office de Tourisme).

Le Jacquemart:
Wohnen à Vieille France

2

Château de Gilly

Karte: F6
21640 Gilly-lès-Cîteaux
Tel. 03 80 62 89 98
Fax 03 80 62 82 34
E-Mail: contact@chateau-gilly.com
www.chateau-gilly.com
Kreditkarten: Euro, Master, Visa,
AmEx, Diners
Feb. bis Mitte März geschl.

Preise: DZ 88–235 €, Suite 213–416 €. Frühstück 21 €. Menü im Restaurant 36–66 €. HP 130–221 €.

Anfahrt: A 31 bis Ausfahrt Nuits-St-Georges, Richtung Dijon halten. Weiter auf der N 74 bis Vougeot, wo man auf die D 25 nach Gilly-lès-Cîteaux abbiegt. Das Hotel ist am Ende des Dorfs rechts ausgeschildert.

Das Hotel: Kaum zu glauben angesichts des eleganten französischen Gartens und der imposanten Fassaden: Aber die Ursprünge des fürstlichen Anwesens gehen auf die nahe Abtei von Cîteaux zurück. Das Ideal der Zisterzienser lautete Armut, und so sah das Priorat, das die Mönche hier im 11. Jh. errichteten, vermutlich sehr bescheiden aus. Geblieben ist davon wenig, denn schon die gotischen Gewölbe des Restaurants entstammen der Bautätigkeit späterer Abtgenerationen. Erst der 51. Abt von Cîteaux ließ die durch Krieg und Verfall ohnehin ramponierte mittelalterliche Festungsarchitektur beseitigen, geblieben ist nur der – heute freilich trockengelegte und zum Kroketspiel freigegebene – Graben ums Schloss. Denn ein *château* sollte es im 16. und 17. Jh. schon sein, was sich die alles andere als bescheidenen Äbte nun wünschten. Von ihrer Prunksucht profitiert der Hotelgast, seitdem das ›Château de Gilly‹ 1988 nach umfangreicher Sanierung in eine Nobelherberge mit Park, Pool und Tennisplatz umgewidmet wurde.

Was das gepflegte Äußere verspricht, wird innen allemal gehalten.

Gotischer Höhenflug: das Restaurant im Château de Gilly

Von der großzügigen Rezeption schweift der Blick in den Salon: rotes, etwas plüschiges Mobiliar zum darin Versinken, Balkendecke, kurzum *cosy* und doch *très français*. Weiße Marmorbäder gehören in den Zimmern wie Föhn, Fernseher, Minibar, Telefon zum in dieser Kategorie üblichen Standart. Ansonsten sind alle 39 Zimmer gänzlich verschieden. Mal wird das 400 Jahre alte Gebälk mit Himmelbett und zum Bettüberwurf passender Stoffwandbespannung kombiniert, mal entfalten ein funkelnder Kronleuchter und ein mannshoher Kamin aus Naturstein den Glanz des Ancien Régime. Zu steigern ist der Luxus noch durch das ›Appartement Prestige‹ im barocken Gartenhaus, genannt ›La Maison du Père Abbé‹. Still und fein lebt es sich hier auf zwei Etagen, in einem grünen Gartenwinkel unbehelligt vom normalen Hotelbetrieb.

Restaurants: Das Hotelrestaurant hat unter dem gotischen Kellergewölbe ein außergewöhnliches Domizil gefunden. Serviert wird burgundische Hochküche, sehr korrekt, aber ohne Wagemut (Tipp: Die *aumônière* mit echtem Cîteaux-Käse und Nüssen). Im Nachbardorf Flagey-Échezeaux (südl.) kommt im ehemaligen Bar-Tabac des Dorfs **Losset Robert** (Tel. 03 80 62 88 10) eine anständige Landküche auf den Tisch. **La Rôtisserie du Chambertin** in Gevrey-Chambertin (s. S. 92), **Les Gourmets** in Marsannay-la-Côte (s. S. 91), **Les Tontons** in Beaune (s. S. 95).

Ausflugstipps: Gevrey-Chambertin hieß bis 1847 schlicht Gevrey. Dann beantragte man beim Präfekt die Umbenennung in Chambertin – die

Tipp

Die Abbaye de Cîteaux (11 km östl.) verkauft im abteieigenen Laden den deftigen Cîteaux-Käse (weich) – 50 Milchkühe werden auf den Wiesen ums erste Zisterzienserkloster gehalten. Auch der Honig und die Kräuterbonbons im stammen aus Klosterherstellung (tägl. außer Mo).

Lage begründet Gevreys weltweites Renommee. Der Präfekt war nicht einverstanden und drohte, dass Dorf ›Gevrey-tout-court‹ (›Gevrey und damit Schluss‹) zu nennen. Man einigte sich auf den Doppelnamen – was in der Folge etliche Dörfer mit prominenten Reblagen nachmachen sollten. Es gibt eine Burg aus dem 10. Jh., durch die die Hausherrin führt (tägl. 10–12, 14–18 Uhr). Ins Winzerdorf **Fixin** lockt der Napoleon-Gedenkpark mit Musée Noisot zur Erinnerung an die Feldzüge des Korsen (Mitte April–Okt. Mi, Sa, So 14–18 Uhr). Im Nachbarweiler **Fixey** steht die älteste romanische Kirche der Côte d'Or – typisch: der Turm mit lasierten Buntziegeln. **Cîteaux** war die Mutterabtei des Zisterzienserordens. Ein zum 900-jährigen Ordensjubiläum 1998 eingerichteter Parcours erklärt Geschichte und mönchischen Alltag. Abtei und Kirche (modern) sind für Besucher Mitte Mai–Mitte Okt. tägl. außer Di 9–18 Uhr geöffnet. Der **Clos Vougeot** April–Sept. So–Fr 9–18.30, Sa 9–17 Uhr, sonst So–Fr 9–11.30, 14–17.30, Sa 9–17 Uhr gilt als das berühmteste Weingut Burgunds. Seit 1944 ist das Renaissanceschloss Sitz der *Chevaliers de Tastevin* (›ritterliche‹ Weinbruderschaft).

3

Chambres d'hôtes Château de Chorey-lès-Beaune

Karte: F7
21200 Chorey-lès-Beaune
Rue Jacques-Germain
Tel. 03 80 22 06 05
Fax 03 80 24 03 93
E-Mail: chateau-de-
chorey@wanadoo.fr
www.chateau-de-chorey-les-beaune.fr
Kreditkarten: Euro, Master, Visa
April–Ende Nov. geöffnet.

Preise: DZ 140–155 €, eine Suite 185
für drei, 195 € für 4 Personen. Frühstück inklusive.

Anfahrt: A 6 bis Ausfahrt Beaune
Nord-Savigny, Richtung Dijon halten. Weiter auf der N 74 bis zur Ausfahrt Chorey. Das Schloss liegt gleich
am Eingang des Dorfs.

Die Gästezimmer: Hecken versuchen im Winzerdorf Chorey-lès-Beaune das Schloss vor neugierigen
Blicken zu schützen. Vergeblich, gegen den hochgeschossenen Hauptbau
ist kein Strauch und kein Baum gewachsen. Vier bis fünf Meter Höhe
messen einige Decken, wie Monsieur
Germain erklärt. Man versteht,
schließlich spricht der Schlossherr ein
untadeliges Deutsch. Entengrütze
legt einen leuchtendgrünen Teppich
auf den Wassergraben. Im Schloss-
park mit seinen mehrhundertjährigen
Baumriesen lugt hinten ein dank spit-
zem Haubendach rapunzelwürdiger
Turm aus der grünen Ecke. Ein Tor
gibt den Blick auf Reben frei. Mon-

Tipp

In Beaune ist das **Atheneum de la
Vigne et du Vin** (7, rue Hôtel-
Dieu, tägl. 10–19 Uhr) die bestsor-
tierte Fachbuchhandlung Burgunds
für Wein und Weinbau. Angeboten
werden auch Utensilien wie De-
kantierkaraffen und Sommelier-
Messer sowie Souvenirs und *pro-
duits du terroir*.

sieur Germain ist Winzer ›de père en
fils‹ (vom Vater auf den Sohn). Weinberge in den prominentesten Lagen
der Côte de Beaune gehören seit Generationen zum Familienbesitz: Pernand-Vergelesses, Meursault, einige
Premiers Crus de Beaune wie Teu-
rons, Boucherottes oder Cras und
natürlich Chorey-lès-Beaune.

Ebenso viel Charme wie das zauberhafte Anwesen versprühen die
sechs Zimmer und die kleine Suite.
Mal bettet man sich in einem Empirebett aus poliertem Nussholz, mal in
einem bronzenen Bettgestell – freilich
immer auf guten, komfortablen Matratzen. Ein vergoldeter Spiegel über
dem Kamin hier, ein antiker Spiegel-
schrank und Stuck dort, jedes Zimmer
ist sehr persönlich mit Familienerbstücken eingerichtet. An Komfort
mangelt es dank moderner Bäder und
Toiletten jeweils nicht. Das licht-
durchflutete Eckzimmer ›Les Teu-
rons‹ auf der ersten Etage ist wegen
der enorm hohen Decke und des
Blicks über die Reben vielleicht das
schönste *chambre d'hôtes* im Schloss.
Aber die Wahl für die Nacht bleibt
Geschmackssache, denn die oberen
Zimmer haben zwar niedrigere Decken als die ein Stockwerk tiefer, ent-

falten jedoch dank des Gebälks eine ganz eigene Heimeligkeit. Und natürlich schaut man auch von den Zimmern ›Les Boucherottes‹ und ›Les Cents Vignes‹ auf Monsieur Germains Weinberg. Bei der Suite im dritten Stock liegt das kleinere Zimmer im Donjon – was macht es angesichts des Turmblicks, wenn man die Treppen ohne Aufzug bewältigen muss?

Wenn man schon einmal beim Winzer im Schloss nächtigt: Nutzen Sie die Gelegenheit zu Probe und Einkauf.

Restaurants: In der noblen **Hostellerie de Levernois** in Levernois (Tel. 03 80 24 73 58) kocht *chef de cuisine* Crotet auf Sterneniveau. **Les Coquines** im Weiler Buisson (gehört zum Dorf Ladoix-Serrigny, Tel. 03 80 26 43 58) hat eine hübsche Terrasse sowie einen Saal im ehemaligen Wein-

keller. **Les Tontons** in Beaune (s. S. 95).

Ausflugstipps: **Beaune** (22 000 Einw.) ist die größte Stadt an der Route des Grands Crus und ein touristischer Knotenpunkt. Als ›Hauptstadt des Burgunders‹ geht Beaune alle Jahre wieder anlässlich der Weinauktion in den Hospices um die Welt. Das hochgotische Kranken- und Armenhospiz, 1443 in burgundisch-flämischem Stil erbaut, tat bis nach dem Zweiten Weltkrieg seinen Dienst. Im heutigen Museum erinnern die Salle des Pôvres, der mittelalterliche Krankensaal mit den aufgereihten Holzalkoven und reich verziertem Deckenschnitzwerk, Apotheke und Großküche daran. Krönendes Werk ist der Flügelaltar des Jüngsten Gerichts von Roger van der Weyden (Ende März–Ende Nov. 9–18.30, sonst 9–11.30, 14–17.30 Uhr).

Hinter dem Burggraben – ein Zimmer im Turm

4

Villa Louise

Karte: F7
21420 Aloxe-Corton
Le Bourg
Tel. 03 80 26 46 70
Fax 03 80 26 47 16
E-Mail: hotel-villa-louise@wanadoo.fr
www.hotel-villa-louise.fr
Kreditkarten: Euro, Master, Visa
Ganzjährig geöffnet. Kein Restaurant.

Preise: DZ Hauptsaison 92–145 €,
20. Nov.–15. März 74–116 €. Frühstück 12 €.

Anfahrt: A 6 bis Ausfahrt Beaune
Nord-Savigny, Richtung Dijon halten. Weiter auf der N 74 bis zur Ausfahrt Aloxe-Corton. Das Hotel liegt
oben im Dorf (Ausschilderung).

Bienvenue bei Mme. et M. Perrin

Das Hotel: So möchte man gern
wohnen an der Côte d'Or: Nach vorn
mitten im schmucken Winzerdorf,
nach hinten mitten in den Reben des
berühmten Grand Cru Corton. Madame und Monsieur Perrin, ein junges Winzerpaar, haben das bereits
bestens eingeführte Hotel jüngst
übernommen. Die Atmosphäre im
300 Jahre alten, stattlichen Winzerdomizil ist nun noch eine Spur familiärer als zuvor. Man fühlt sich fast wie
bei Freunden auf dem Lande – die
Perrin verfügen indes über genug Fingerspitzengefühl, um ihre Gäste ungestört ihrer Wege gehen zu lassen,
falls dies so gewünscht ist.

Fangen wir mit dem Garten an, wo
zur schönen Jahreszeit für das Frühstück eingedeckt wird: Zwei steinere
Hunde bewachen den Ausgang ins
Grüne, wo man sich's unter einer riesigen Linde gut gehen lassen kann.
Bequeme Korbstühle laden zum
Rumlümmeln ein. Wo der Rasen aufhört, beginnen auch schon die Weinberge, nur soviel zum Ausblick. Falls
es draußen ungemütlich sein sollte:
Der zum Garten ausgerichtete Salon
ist mit seinen schwarzen Ledersesseln
im Art déco-Stil und dem Marmorkamin Garant für behagliche Stunden. Helle Cremetöne – die Böden
sind mit beigerosafarbenen Fliesen
aus den Steinbrüchen von Chassagne
ausgelegt – geben in allen Bädern den
Ton an. Jedes der zehn Zimmer ist
geräumig. Vor den weißen Wänden,
die den lichten Charakter des Hauses
betonen, zeichnen sich handverlesene Antiquitäten ab. Für den individuellen Charakter der Zimmer sorgen
zudem jeweils verschiedene Gemälde
und Bettüberwürfe mit Blumenmustern im Stil des 18. Jh.

In der zweiten Etage sorgen freigelegte Balken für den Touch *cosy*, der
zu dieser Landvilla wunderbar passt.

Am besten gefiel Zimmer 44, dessen Terrasse den Blick auf die Reben am Mont Corton freigibt. Aber auch der Blick über die Reben aus den kleineren, nicht beengt wirkenden Zimmern 42 und 43 ist verlockend. Wer's etwas großzügiger wünscht, sollte auf das geräumige Zimmer 40 ausweichen.

P.S.: Aloxe spricht man *Alosse* aus. Solche Petitessen und noch dazu das große ABC des Weins erfährt man ganz ungezungen im Gespräch mit den Perrin.

Restaurants: Die **Auberge du Coteau** in Villars-Fontaine (Tel. 03 80 61 10 50) ist ein echter Landgasthof mit entsprechenden Portionen. Die **Ferme de Rolle** weiter nördlich in Ternant (Hameau de Rolle, Tel. 03 80 61 40 10) kommt noch eine Spur rustikaler daher: Gegrillt wird über dem offenen Kamin. Ganz anders verhält es sich bei der **Ermitage Corton** in Richtung Chorey-lès-Beaune (N 74, Route de Dijon, Tel. 03 80 22 05 28), wo der Sprung in die *Haute Cuisine* gewagt wird: gegrilltes Täubchen mit *foie gras*, Meeresspinne auf Gemüse-Tartar.

Ausflugstipps: Das Schloss von **Aloxe-Corton** mit seinen bunten, im Rautenmuster gedeckten Ziegeln ist ein beliebtes Fotomotiv. **Meursault** thront auf einem Hügel: Weinproben im Keller des Château aus dem 14.–15. Jh. (800 000 Flaschen! 9.30–12, 14.30–18.30 Uhr). Die **Panoramastraße ›Cluny-Beaune par le Vignoble‹** (D 17 ab Pommard) verläuft hart am Felsklamm (in den Fels gestemmt: das Dörfchen **Orches**) nach **La Rochepot**: Über dem Dorf thront die trutzige Burg. Zu sehen sind Zinnen, Wehrgang, Zugbrücke, ein 72 m tiefer Brunnen sowie das neogotische Interieur mit ›chinesischem Zimmer‹ (tägl. außer Di April–Juni 10–11.30, 14–17.30, Juli–Aug. 10–12, 14–18, Sept.–Okt. 10–11.30, 14–16.30 Uhr).

Ein Salon zum Wohlfühlen

5

Château
André Ziltener

Karte: F6
21220 Chambolle-Musigny
Rue de la Fontaine
Tel. 03 80 62 41 62
Fax 03 80 62 83 75
E-Mail: chateau.ziltener@wanadoo.fr
www.chateau-ziltener.com
Kreditkarten: AmEx, Diners, Euro,
Visa, Master
Mitte März–Mitte Nov. geöffnet. Kein
Restaurant, aber Weinbar mit kleinem
Angebot wie Käseplatte oder jambon
persillé.

Preise: DZ 151–200 €, Junior-Suite
185–260 €, Appartement 301–350 €.
Frühstück 15 €.

Anfahrt: A 31 bis Ausfahrt Nuits-St-Georges, Richtung Dijon halten. Weiter auf der N 74 bis Ausfahrt Vougeot, Chambolle-Musigny. Das Hotel liegt mitten im Dorf (Ausschilderung).

Das Hotel: Es war einmal ein Weinhändler aus der Schweiz, der hatte einen Traum: Ein Schloss an der Côte d'Or sollte es sein, da, wo er ohnehin mit großer Freude unterwegs war. Der Weinhändler heißt André Ziltener, was Freunden von Burgundweinen etwas sagen dürfte. Seinen Traum verwirklichte er in Chambolle-Musigny, ein Dorf, dessen Name Musik in Ohren der Freunde von Burgundweinen ist. Um andere daran teilhaben zu lassen, wurde aus dem Château ein Schlosshotel. Die Moral von der Geschicht: Unter den Hotels an der Côte d'Or nimmt das elegante ›Château Ziltener‹ seit der Eröffnung 1993 einen prominenten Rang ein.

Am Schloss vorbeifahren kann niemand, der die Route des Grands Crus entlangzuckelt. Der Weg führt unweigerlich durch Chambolle-Musigny. Eine Kurve noch, dann noch eine zweite und die Einfahrt zum noblen Anwesen taucht mitten im Dorf auf. Einmal auf dem weitläufigen Areal angekommen, bleiben Dorf und Straße freilich außen vor. Hohe Mauern schützen vor neugierigen Blicken und eventuell vorbeifahrenden Autos – wobei betont werden sollte, dass es sich um ein ausgesprochen ruhiges Dorf handelt.

Alle Zimmer und Suiten tragen den Namen eines Grand Cru. Der erste Eindruck, nachdem sich die Tür zum Zimmer geöffnet hat: *Luxe, calme & volupté*. Mannshoher Marmor im Bad, alle Annehmlichkeiten vom Föhn bis zum Kosmetikspiegel, auf dem butterweich gespülten Bademantel ein Wappen mit Krönchen. Passend zum 1709 errichteten Schloss ist das Mobiliar ›grande époque‹: Stilmöbel in heiterem Louis XVI. Ein Himmelbett in einem, ein Baldachinbett in einem anderen Zimmer, ausladende Sofas zum stilvollen Flegeln. Originale Vertäfelungen, herrschaftliche Kamine, lichte, warme Töne überall. Wer es gern etwas separat hat: Die Junior-Suite Richebourg ist ein vom Hauptabbau getrenntes Haus mit Balkenheimeligkeit.

Umsorgt von der kleinen, sehr freundlichen Equipe, die eine deutsche Directrice anleitet, kann man sich in diesem Haus nur wohlfühlen. Perfekter Service ist einer, den man kaum spürt: Unsichtbare Hände haben den Kamin angezündet, noch be-

Vornehmes Domizil: das Château Ziltener

vor man solch herbstliche Gelüste entwickeln konnte. Ein Blumenstrauß steht auf der Anrichte.

Ziltener *oblige*: Wein gibt noch beim Frühstück den Ton an – die Konfitüren kommen in Tastevin-Schälchen auf den Tisch, die Decke zeigt ein Motiv mit Reben und Trauben. Natürlich verfügt das Schloss über den eigenen *caveau*, wo Anne-Marie Ballois zur Weinprobe einlädt. Die fidele Kellermeisterin schickt den Gast anschließend gern ins Weinmuseum, das sich ebenfalls in den Kellergewölben befindet. Somit kundig geworden, kann man zuguterletzt natürlich die eine oder andere Flasche einkaufen.

Restaurants: **Les Millesimes** in Gevrey-Chambertin (25, rue de l'Eglise, Tel. 03 80 51 84 24) heißt der Tisch der Familie Sangay, an dem für etwas hohe Preise Hummersalat, Seebarsch im Salzmantel oder Lammrücken im Brotmantel serviert wird. In Flagey-Échezeaux (südl.) kommt im ehemaligen Bar-Tabac des Dorfs **Losset Robert** (Tel. 03 80 62 88 10) eine anständige Landküche auf den Tisch. **La Rôtisserie du Chambertin** in Gevrey-Chambertin (s. S. 92), **Les Gourmets** in Marsannay-la-Côte (s. S. 91).

Ausflugstipps: Das Neorenaissance-Schloss in **Brochon** (nördl. von Gevrey-Chambertin) ist heute eine Schule. Bauen ließ es 1898 Stephan Liégeard, der den Namen der ›Côte d'Azur‹ in Anspielung an die heimatliche Côte d'Or erfunden hat (Mitte Juli–20.Aug. tägl. außer Mo 14–18 Uhr). Das geschäftige **Nuits-St-Georges** (südl.) legt sich wie Kringel um die Grand'Rue, seine Hauptachse. Seit Ludwig XIV. die Weine der Côte de Nuits als Medizin verschrieben wurden, ist Nuits-St-Georges ein gemachter Winzerort – weinberankt ist auch der Belfried von 1619. Die **Combe de Lavaux** im Westen von Gevrey-Chambertin (D 31) ist ein tiefeingeschnittenes, romantisches Bachtal.

6

Hostellerie du Château

Karte: F6
21320 Châteauneuf-en-Auxois
Rue du Centre
Tel. 03 80 49 22 00
Fax 03 80 49 21 27
E-Mail: hostellerie-du-chateau@hostel-
lerie-du-chateau.com
www.hostellerie-chateauneuf.com
Kreditkarten: Visa, Masters, Euro
Ende Nov.–Jan. geschlossen, Restau-
rant Juli–Aug. tägl., sonst Mo, Di Ru-
hetag.

Preise: DZ 42–66 €. Frühstück 7,6
€. HP (zwei Tage Minimum) ab 48
€. Menü 22–34 €.

Anfahrt: A 6 von Beaune oder A 38
von Dijon bis Ausfahrt Pouilly-en-
Auxois. Auf der N 81 Richtung
Arnay-le-Duc halten, nach kurzer
Zeit links auf die D 977bis in Rich-
tung Ste-Sabine abbiegen. Hinter
Ste-Sabine überquert die Landstraße
den Canal de Bourgogne in Richtung
Châteauneuf. Das Hotel liegt oben im
Dorf direkt vor der Burg.

Das Hotel: Ein Sträßchen windet sich
vom Canal de Bourgogne, der bei
Pouilly-en-Auxois im Tunnel (Les
Voûtes) verschwindet, den Hügel
hoch. Das Ziel ist die Burg: Zusammen mit dem Kanal zu ihren Füßen
und der Kirche in der Hügelflanke vereint sich der klossale Wehrbau zu einem der schönsten Fotomotive Burgunds. Pouilly-en-Auxois ist Mitglied
im hehren Kreis ›der schönsten Dörfer Frankreichs‹, und dies zu Recht.
Oben im Dorf angelangt, kann man
die ›Hostellerie du Château‹ nicht ver-
passen. Das Hotel liegt, wie der Name
vermuten lässt, gleich neben der Burg,
die mit einem tiefen Graben freilich
auf Distanz hält. Durch ein weinrotes
Tor und den Vorgarten gelangt man
zum Eingang. Am steilen Giebel klettert wilder Wein empor. Moos bedeckt
in dicken Schichten die Schindeln. Die
Fensterläden sind einladend aufgeklappt. Kurzum, die Hostellerie sieht
so aus, wie man sich es von einem
Dorfgasthof wünscht.

Ausgesprochen gemütlich sind die Zimmer in der Hostellerie du Château

Seit die jungen Elsässer Florence und André Hartmann das Haus übernommen haben, wird behutsam renoviert. Schlicht bleiben auch die bereits in Angriff genommenen Zimmer, aber frische Farbe und Tapeten bekommen dem hübsch gestrigen Charme der Mauern gut. Von einigen Zimmern schaut man auf die Burg, aber auch diejenigen mit Blick in die Ebene erfreuen das Auge dank der lieblichen Landschaft des Feld-, Wald- und Wiesen-Auxois. Wer unbedingt Burgblick wünscht, kann natürlich jederzeit im Garten hinter dem Haus Platz nehmen, von wo die bulligen Türme zum Greifen nah scheinen.

Nicht alle 17 Zimmer fanden in der kleinen Hostellerie Platz. Die schönsten und komfortabelsten befinden sich in einem ebenso reizvollen 300 Jahre alten Dorfhaus, ›La Résidence‹. Natursteinwände und Balken wurden freigelegt. Der Clou aber ist die Mezzanine im Zimmer, in die moderne Veluxfenster das Licht hereinfluten lassen – an die relativ kleinen Fenster zur Straße wurde hingegen nicht gerührt, um das Erscheinungsbild des Dorfes nicht zu beschädigen. Bis zu vier Personen finden in einigen Zimmern Platz. Ein Haus mit ›Charakter und Komfort‹ wollten Florence und André Hartmann schaffen. Es ist den beiden trefflich gelungen.

Restaurants: Auf der ansehnlichen Karte der Hostellerie stehen burgundische Klassiker wie ein Charolais-Filet mit *foie gras* oder Schnecken. Le **Gril du Castel** (Grande Rue, Tel. 03 80 49 26 82) gegenüber der Hostellerie du Château ist bekannt für eine ordentlich gegrillte *côte de bœuf* und Steaks. Das **Café du Rond-Point** in

Tipp

Bootsurlaub gehört zu Burgund wie Grands Crus und romanische Kirchen. Der Canal de Bourgogne ist unter den vielen Möglichkeiten (Canal du Nivernais, Canal latéral de la Loire, Canal du Centre, Saône…) das Filetstück. Der 1775 bis 1834 erbaute Wasserweg führt von der Yonne hoch im Norden durchs gebirgige Tonnerrois und das liebliche Auxois nach Dijon und weiter in die Ebene von Cîteaux. Der französische Anbieter Locaboat Holidays hat mit Joigny und Venarey-les-Laumes zwei Stützpunkte am Canal de Bourgogne, wo Hausboote für zwei bis zwölf Personen verliehen werden. Ein Führerschein ist nicht nötig! Locaboat Holidays, Ludwigstr. 1, 79104 Freiburg, Tel. 0761/207 37 37, Fax 207 37 73, www.locaboat.de.

Créancey (westl., am Canal de Bourgogne, Tel. 03 80 90 83 97) bietet ›Folklore‹ aus dem ländlichen Burgund – einfache, herzhafte Gerichte, das halbe Dorf an der Theke, kleine Preise. **L'Armançon** im Château de Chailly (s. S. 96), **Les Tontons** in Beaune (s. S. 95).

Ausflugstipps: Eine Bummeltour längs des **Canal de Bourgogne** und der in Schlangenlinien daneben verlaufenden **Ouche** ist besonders zwischen **Ste-Marie-sur-Ouche** und **Pont d'Ouche** (D 33) eine herrliche Landpartie. Am schmalen Sträßchen spulen Kanaldörfer, Schleusen, dichte Wälder, Angler- und Flussschiffer-idyll ab.

7

Le Hameau de Barboron

Karte: F7
21420 Savigny-lès-Beaune
Tel. 03 80 21 58 35
Fax 03 80 26 10 59
www.hameau-barboron.com
Kreditkarten: AmEx, Visa, Euro, Master
Ganzjährig geöffnet. Kein Restaurant.

Preise: DZ 84–153 €, Suite 153–213 €. Frühstück 13 €.

Anfahrt: A 6 bis Ausfahrt Beaune Nord/Savigny-lès-Beaune. Der Ausschilderung nach Savigny-lès-Beaune folgen. Im Dorf am Tabac-Presse abbiegen (Ausschilderung Lud'Hôtel, Hameau de Barboron). Die Straße endet nach 3 bis 4 km vor dem Hotel.

Das Hotel: Hameau bedeutet Weiler. In der Tat wirkt das Hotel wie ein Dörfchen, das hinter den sieben Bergen bei den sieben Zwergen auftaucht. Zur Route des Grands Crus und so bekannten Weindörfern wie Pernand, Vergelesses oder Aloxe-Corton ist es jedoch nur ein Katzensprung – Luftlinie wohlgemerkt. Denn schon der Weg aus Savigny-lès-Beaune, unter dessen administrative Fittiche der ›Hameau de Barbaron‹ gehört, wird lang und länger. Es geht durch tiefen Wald, in dem sich Fuchs und Hase Gute Nacht sagen – nicht zu vergessen Wildschweine, die nicht von ungefähr das Wahrzeichen dieses zutiefst ländlichen *Hideaway* sind. Man erblickt sie zunächst auf einem Hinweisschild am Wegesrand, später dann als Logo im Hotel. Gesuhlt haben sich beim ›Hameau de Barboron‹ schon die Römer. Und zwar im Tonschlamm, der im kleinen Tal unterhalb des Hotels vorkommt.

Ursprünglich gedacht waren die um einen Hof aus honigfarbenen Bruchsteinen errichteten Gebäude als Jagddomäne. Daran erinnern noch die Jagdhörner, deren Motiv in den Bodenfliesen allgegenwärtig ist. Angenehm über mehrere Gebäude verteilt und somit weit voneinander gelegen sind die Zimmer. Die Anordnung garantiert absolute Ruhe, wobei von außen ohnehin nur der Gesang der Vögel, das Grunzen der Wildschweine, vielleicht auch mal ein Traktor zu vernehmen ist. Die Zimmer verbinden rustikales Ambiente mit raffiniertem Luxus: Als da wären achteckige Terrakottafliesen, freigelegte Balkendecken, komfortable Fau-

Tipp

Hinter der **Domaine Comtesse Michel de Loisy** (Nuits-St-Georges, 28, rue Général de Gaulle, Tel. 03 80 61 02 72, Fax 03 80 61 36 14, Ende Nov. bis Ende März geschl.) verbirgt sich die Gräfin Christine de Loisy, ihres Zeichens Önologin und Doyenne unter den Winzern der Côte d'Or. Madame veranstaltet Weinseminare mit Probe, Mahlzeit und Unterkunft im geschmackvollen, mit Antiquitäten möblierten *chambre d'hôtes*. Ihr Haus verströmt den unwiderstehlichen Charme des Ancien Régime. Die Hausherrin ist eine Weinkennerin, die passioniert in die Tropfen der Region einführt.

Wo Fuchs und Hase sich Gute Nacht sagen – der Hameau de Barboron

teuils, Kamin und freundliche Bäder mit mediterran anmutenden Kacheln. Safe, Minibar, TV und Telefon zählen zu den weiteren Annehmlichkeiten.

Welches Zimmer nun wählen? Etwas altmodische Vornamen oder Verwandschaftsgrade geben den Ton an: Familiär und im kultiviertesten Sinne gestrig ist der Charakter der jeweils verschiedenen Zimmer. Das größte, ›Les Cousins‹, ist de facto eine geräumige Suite, in der bis zu fünf Personen Platz finden. Das kleinste, ›Lucien‹, entpuppt sich als poetischer Winkel mit Blick in den Obstgarten. Den Blick auf *la campagne* hat man freilich von jedem Fenster, so auch im Frühstücksraum, wo klassische Musik dezent mit dem Prasseln der Holzscheite im Kamin wetteifert.

Wie es sich an der Côte d'Or gehört, sind die Besitzer zugleich Winzer. Unser Tipp für den Einkauf sind ein Meursault 1er Cru les Perrières sowie ein Puligny Montrachet Les Folatières.

Restaurants: **La Cuverie** (5, rue Chanoine Donin, Tèl. 03 80 21 50 03) behauptet sich mit gut zubereiteter *cuisine du terroir* als erste Adresse am Platz. Der Patron des **Ouvrée** (Route Bouilland, Tèl. 03 80 21 51 52) bietet Gästen seines Hotelrestaurants jeweils am späten Nachmittag eine Weinprobe mit vier verschiedenen Tropfen im hauseigenen Keller an – bodenständige Küche. **Les Tontons** in Beaune (s. S. 95).

Ausflugstipps: Ein Ausflug durch die **Hautes-Côtes** (D 18 über Pernand-Vergelesses, D 25 bis Bruant, weiter durch das enge Tal der Combe Pertuis bis Meuilley, dann der D 35 bis Pont-de-Pany folgen) entführt in die unaufgeregte Welt der Weinberge hinter der prestigeträchtigen Côte de Beaune/Côte de Nuits. **Bouilland** (D 2, nordwestl.) ist ein Dorf für Kletterer (Felsklippen über dem Dorf), Romantiker (Ruine der Abtei Sainte-Marguerite 1,5 km Fußweg vom Dorf) und Liebhaber von Ziegenkäse (mehrere Bauernhöfe mit Direktverkauf, etwa die 3 km entfernte Ferme de la Trentinière, an der D 18, mit *table d'hôte*, Tèl. 03 80 61 42 64. **Canal de Bourgogne** (s. S. 23), **Beaune** (s. S. 17).

8

Chambres d'hôtes
Le Val de Vergy

Karte: F6
21220 Curtil-Vergy
Pellery
Tel. und Fax 03 80 61 41 62
Keine Kreditkarten
Geöffnet Ostern – Ende Okt.
Table d'hôte zweimal pro Woche nach
Reservierung

Preise: DZ 46–53 €, Suite 64 € für drei, 90 € für vier Personen. Frühstück inklusive. Table d'hôte 17 €.

Anfahrt: A 31 bis Ausfahrt Nuits-St-Georges. In Nuits-St-Georges auf die D 25 Richtung Villars-Fontaine, Messanges (zweigt von der N 74 ab). Nach 3 km rechts auf die D 35 schwenken, Richtung Villars-Fontaine. In Messanges kurz hinter der Tankstelle rechts abbiegen – das Haus liegt ein paar hundert Meter weiter rechts im Ortsteil Pellery.

Die Gästezimmer: Das Haus von Brigitte Puvis de Chavannes liegt im Herzen der Hautes-Côtes, wo das Leben einen gemächlichen Gang geht. Abseits der prestigeträchtigen Côte d'Or-Appellationen werden die Weinberge rarer. Vorbei ist es mit den Grands Crus. Wiesen und Wälder mischen unter das Landschaftsbild. Winzergehöfte und Keller gehören zwar auch an die Hautes-Côtes dazu, Busparkplätze und plakatgroße Hinweise auf Restaurants fehlen hingegen. ›Le Val de Vergy‹ ist ein altes Winzerhaus, ein besonders schmuckes Gemäuer mit Garten und altem Kel-

ler. Aber die lebenslustige Gastgeberin ist ausnahmsweise keine Winzerin, sondern züchtet Westies und Labradore. Keine Angst, von den Hunden ist nichts zu hören oder zu sehen, abgesehen von ein paar Ehrenurkunden und Pokalen im Haus. Madames Hundepension und -zucht befindet sich woanders. Aber selbstverständlich sind Vierbeiner in Begleitung ihres Herrchens willkommen.

Vier geräumige, gemütliche Zimmer stehen in der ersten Etage zur Wahl. Romantisch ist die ›Chambre nuptiale‹, in Blautönen gehalten die ›Chambre Bleue‹. Beide haben moderne Bäder, beide sind so eingerichtet, wie man sich ein Gästezimmer bei der Großmutter auf dem Lande vorstellt: gepflegte Antiquitäten, Balken und knarzende Holzböden. Und in beiden findet ein dazugestelltes Kinderbett bequem Platz. Besonders angetan hat es uns die ›Chambre à baldaquins‹ – selbstverständlich mit Baldachinbetten. Man kann das Zimmer mit der benachbarten ›Chambre Aurélie‹ zu einer abgeschlossenen Wohnung verbinden und gewinnt obendrein einen eigenen Salon hinzu.

Zur gemeinsamen Benutzung stehen freilich immer noch der Kaminsalon im Erdgeschoss mit hübscher alter Kommode, bequemen Korbsesseln und großem Esstisch zur Verfügung. Bliebe noch die kleine Küche für Selbstversorger, die Terrasse und natürlich der zauberhafte Garten – im ›Val de Vergy‹ lässt es sich länger aushalten. Nicht versäumen sollte man die *table d'hôte*. Zweimal pro Woche bitte die Hausherrin zu Tisch, was nicht nur günstig, sondern auch ein kulinarisches Vergnügen ist.

Restaurants: **Le Chef Coq** heißt das gediegene Restaurant des Hotels ›La Gentilhommière‹ (Route de Meuilley, D 25, 2 km westl. von Nuits-St-Georges, Tèl. 03 80 61 12 06): edelrustikales Ambiente, raffinierte Landküche. **L'Alambic** in Nuits-St-Georges (Rue du Général-de-Gaulle, Tèl. 03 80 61 35 00) ist ein kleines Restaurant mit ausgefallener Küche zu vernünftigen Preisen – Rochen mit einem Püree schwarzer Oliven! Die **Auberge du Coteau** in Villars-Fontaine (Tèl. 03 80 61 10 50) ist ein echter Landgasthof mit entsprechenden Portionen – die

côte de bœuf nur zu zweit bestel **Ferme de Rolle** in Ternant (de Rolle, Tèl. 03 80 61 40 10) kommt noch eine Spur rustikaler daher: Gegrillt wird über dem offenen Kamin.

Ausflugstipps: Verschlungene Landsträßchen führen ins herzerfrischend unaufgetakelte **Vergy**. Eine Burgruine und die maroden Gewölbe eines Zisterzienserklosters künden von der einstigen Bedeutung des Winzerdorfs. Im Musée des Arts et des Traditions des Hautes-Côtes (Place de la Fontaine) im Ortsteil **Reulle** erfährt man Genaueres. Der ehemalige Bürgermeister Bernard Coudin hat ein Tischmodell der Burg vor ihrer Zerstörung gebastelt. Manchmal leiht er es für Ausstellungen aus, etwa an das Musée Municipal in **Nuits-St-Georges**: Es zeigt ansonsten gallo-römische Funde, Exponate aus merowingischer Zeit sowie einen Film zum Einfluss der Abtei Cîteaux (Mai–Okt. tägl. außer Di 10–12, 14–18 Uhr).

Der Salon im Erdgeschoss lädt zum Verweilen ein

9

Les Magnolias

Karte: F7
21190 Meursault
8, rue Pierre Joigneux
Tel. 03 80 21 23 23
Fax 03 80 21 29 10
E-Mail: lesmagnolias@mageos.com
www.les-magnolias.com oder www.les-
magnolias.fr
Kreditkarten: AmEx, Visa, Master,
Euro
Mitte März–30. Nov. geöffnet. Kein
Restaurant.

Preise: DZ 78–116 €, Suite 145 €.
Frühstück 8 €.

Anfahrt: A 6 bis Ausfahrt Beaune-Sud, Richtung Centre. Dem Ringboulevard um Beaune bis zur Ausfahrt Autun, Pommard folgen. Weiter auf der D 973 bis Meursault, wo das Hotel ab Ortseingang ausgeschildert ist.

Das Hotel: *Very british* wirkt dieses kleine Hotel am Ortsrand von Meursault, obwohl der Bau selbst ein typisches Honoratiorendomizil der französisches Provinz ist. In solch etwas wuchtigen, für viele Generationen gebauten Kästen wohnten früher der Notar, der Arzt oder gar der Bürgermeister des Dorfs – mithin Respektspersonen. Ein eisernes Flügeltor nebst hoher Mauer und schnörkeligem Eisengitter schirmt den zauberhaften Garten zur Straße ab. Alte Rosenstöcke, Magnolien und Glyzinien bilden einen undurchdringlichen grünen Wall, in dem das Hotelschild fast untergeht.

»If you have to ask the price, you can't afford it« – das dem amerikanischen Hotelmagnaten Hilton zugeschriebene Bonmot prangt neben

Cosy & very british bettet man sich im Les Magnolias

dem Eingang. Davon sollte man sich nicht beirren lassen. Weder ist das Zimmer exorbitant teuer, noch wird die Frage nach dem Preis an der Rezeption am Ende des Hofs unfreundlich beantwortet. Ein feinsinniger Brite hat das Haus erworben, einer mit viel Humor zudem, das ist schon alles. Nur acht der insgesamt zwölf Zimmer (darunter eine Suite) liegen im Haupthaus. Die übrigen sind in den Nebengebäuden untergebracht, unterscheiden sich im Stil jedoch nicht. Verschieden sind ohnehin alle. Im Stil bleibt jedes Zimmer dabei einer Mischung aus britisch-*cosy* und französisch-komfortabel treu. Antike Möbel, selbstverständlich, dazu blumige Tapetenmuster. Aus Platzmangel fallen die Bäder etwas klein aus. Es gibt kleine Zimmer wie etwa die Nr. 2 im Erdgeschoss, gemütliche Dachzimmer mit Gebälk wie etwa die Nr. 7, helle, freundliche wie die in Rosenmotiven überbordende Nr. 8, und auch eins mit kleinem Balkon und ansehnlicher Größe, die das Parkett noch betont – Nr. 4. Wie man sich auch entscheiden mag: Das Frühstück wird auf dem Zimmer serviert – es gibt keinen eigenen Frühstücksraum – es sei denn, die Sonne lacht. Dann wird im Hof eingedeckt.

Restaurants: Zum **Le Chevreuil** sind es nur ein paar Schritte (Place de l'Hôtel de Ville, Tel. 03 80 21 23 25): gepflegte burgundische Gerichte zu günstigen Preisen. Ebenfalls an der Place de l'Hôtel de Ville liegt das **Bouchon** (Tel. 03 80 21 29 56), ein Bistro mit entsprechend unkomplizierter Küche. Die **Ferme Auberge La Chaume des Buis** in Nolay (12 km westl., En Dragny, Tel. 03 80 21 84 10) ist für ihre im Freiland gehaltenen Schweine bekannt: Zünftig schmausen auf dem Bauernhof, etwa Spanferkel vom Spieß oder Schweinepfeffer. **Les Tontons** in Beaune (s. S. 95).

Besichtigungen: Unter dem Château von Meursault schlummern die weltberühmten Weißweine aus dem Winzerdorf – gewaltige Keller! Zur Besichtigung des aus dem 14.– 16. Jh. stammenden stolzen Gemäuers gehört eine Probe (9.30–12, 14.30–18 Uhr). Die Pfarrkirche St-Nicolas (14. Jh.) war einmal die Schlosskapelle – heute dient der Bau als Rathaus.

Ausflugstipps: Das gotische Städtchen **Nolay** (12 km westl.) lockt mit viel Fachwerk und einer Markthalle von 1388. Das **Archéodrome de Bourgogne**, ein Freilichtmuseum mit neolithischen Hütten, Römerkastell und gallischem Friedhof befindet sich am Autobahnrastplatz Beaune-Tailly (A 6 zwischen Beaune und Meursault, Mai–Sept. 10–19, sonst bis 18 Uhr). **St-Romain** (5 km nordwestl.) duckt sich in den Schatten eines 400 m hohen Felshalbrunds – schon vor 4000 Jahren lebten in den Grotten Menschen, wie Grabungen ergaben. Zu besichtigen sind die Burgruine und die Dorfkirche aus dem 15. Jh.

Tipp

Das Bäckerpaar **Chathie et Franck Lanzini** (9, rue Général de Lattre de Tassigny, tägl. 5.45–19.15 Uhr) holt Ausgefallenes wie *les abricotines* (Aprikosengebäck) und herzhafte Brote aus dem Ofen – für den kleinen Hunger zwischendurch.

10

Hôtel St-Louis et de la Poste

Im Glanz des Art déco

Karte: E7
71400 Autun
6, rue d'Arbaléte
Tel. 03 85 52 01 01
Fax 03 85 86 32 54
E-Mail: louisposte@aol.com
www.amadeusprop.com
Kreditkarten: AmEx, Visa, Euro, Master
Ganzjährig geöffnet. Restaurant Mitte Okt.–Mitte März Sa, So geschl.

Preise: DZ 60–72 € in der Nebensaison, 70–81 € im Herbst, 75–90 € April–Sept., Suite 72–180 € in der Nebensaison, 100–205 € im Herbst, 115–200 € April–Sept., Napoleon-Suite je nach Saison 184–230 €. Frühstück 10 €, Garage 7 €. Menü im Restaurant 29–45 €.

Anfahrt: A 6 bis Ausfahrt Beaune-Sud, Richtung Centre. Dem Ringboulevard um Beaune bis zur Ausfahrt Autun folgen. Weiter auf der D 973 nach Autun (48 km). Richtung Centre halten. Das Hotel liegt am Fuß der Altstadt (ausgeschildert).

Das Hotel: Der Kaiser bettete zweimal sein Haupt im ›Hôtel St-Louis et de la Poste‹, das erste Mal 1802 in Begleitung von Kaiserin Joséphine, das zweite Mal 1815, diesmal solo und eigentlich kein Kaiser mehr. Die Rede ist von Napoleon, der ein Haus betrat, das sich seit 1744 als Gasthof für gehobene Ansprüche bewährt. Geblieben ist von der kaiserlichen Visite die Napoleon-Suite, natürlich stilecht in originalem Empire-Mobiliar eingerichtet. In den beiden Alkovenbetten sollen der Korse und Joséphine damals genächtigt haben – das scheint, mit Verlaub, mehr Legende als Wahrheit, tut dem Glanz der Suite aber keinen Abbruch.

Ein großes ›N‹ prangt auf dem Teppich in der Rezeption. Damit wären die Napoleon-Referenzen aber auch beendet. Die wechselvolle Geschichte des traditionsreichen Luxushaus hat etliche Umbauten in den letzten 200 Jahren mit sich gebracht. Das Schöne an diesem Hotel ist, dass sich alles bestens miteinander verträgt. Sogar die gewagte Mischung aus barockem Stadtpalais und Art-déco-Tempel. Die Wintergartenkuppel über dem Foyer und das Treppenhaus mit im Boden eingelegten Marmormonden ist pure Formensprache der 1930er Jahre, die Fassade erstrahlt in honettem 18. Jh. Ein Tipp für Nostalgiker: In der hoteleigenen Garage bedecken Werbemalereien aus der Frühzeit des automobilen Reisens die Wände.

Man kann dem heutigen Besitzer, einem Amerikaner, gar nicht genug dafür danken, das Haus vor dem Verfall gerettet zu haben. Denn 1994 kam das Aus für das ›St-Louis et de la Poste‹ – ausgerechnet zum 250-jährigen Bestehen schloss das Hotel: Zulange waren dringende Renovierungen versäumt worden. Zwei Jahre geschah nichts, dann konnte ein Käufer gefunden werden, der mit viel Sinn für die Substanz und gehörigem finanziellen Aufwand ein ganzes Jahr lang umbauen ließ. Herausgekommen ist ein Viersternehotel mit dem Flair eines alten Hauses und allen Annehmlichkeiten seiner Kategorie.

Bis auf die Napoleon-Suite sind die nüchtern-eleganten Zimmer mit schmiedeeisernen, Art-déco-inspirierten Möbeln eingerichtet. Gedämpfte Pastelltöne von Graugrün, Altrosa bis zu Eierschalenfarben verbreiten Behaglichkeit. Die Zimmer sind in Größe und Ausrichtung von Flügel zu Flügel und von Flur zu Flur verschieden. Am angenehmsten sind die zum Innenhof: Bodentiefe Fenstertüren mit herrlichen alten Riegeln

Tipp

Das Office de Tourisme (2, avenue Charles de Gaulle, Tel. 03 85 86 80 38) organisiert **Gourmet-Fahrradtouren** durch Autun und Umgebung, mit Einkehr auf einem Bauernhof (Essen), Juli–Aug. Di, Do, Sa 9.30 Uhr, Abfahrt am Plan d'eau du Vallon. **Wandern** im Naturpark Morvan (mit oder ohne Gepäck) organisiert Autun Morvan Tourisme, 13, rue de l'Arbalète, Tel. 03 85 86 14 41.

und Läden lassen viel Licht herein. Ein Blick nach unten und man weiß: Beim Frühstück auf der zauberhaften Terrasse des Innenhofs beginnt jeder Tag kaiserlich.

Restaurants : Das Restaurant des ›St-Louis et de la Poste‹ ist angenehm licht. Seit Olivier Pons als *chef de cuisine* fungiert, steigt das Niveau stetig: ein Lob dem Entenrücken aus der Dombes und Respekt angesichts der Mittagskarte mit einem verlockend günstigen Menü (18 €). **Le Chalet Bleu** in Autun (s. S. 97), **L'Auberge Ensoleillée** in Dun-lès-Places (s. S. 104).

Besichtigungen: Kaiser Augustus hat Augustodunum 10 v. Chr. an der Fernhandelsstraße Via Agrippa gegründet. Die Stadt am Arroux ist seit der Antike ein wichtiger Verkehrsknotenpunkt. Über die antiken Ausmaße ist das ›Tor zum südlichen Morvan‹ trotz einiger Industrieansiedlungen kaum herausgewachsen. Aus römischer Zeit bleiben das Theater, ein Stück Stadtmauer, zwei Stadttore und der Janustempel (alle frei zugänglich) – ›Augustodunum‹ heißt das Historienspektakel im antiken Theater (Aug.). Das **Musée Rolin** gegenüber der Kathedrale zeigt gallorömische Ausgrabungsfunde und romanische Bauplastik wie die von der Kathedrale St-Lazare stammende ›Tentation d'Eve‹ (Okt.–März Mo, Mi–Sa 10–12, 14–17, So 10–12, 14.30–17 Uhr, April–Sept. tägl. außer Di 9.30–12, 13.30–18 Uhr). Das **Musée d'Histoire Naturelle** ist Geologie, Fauna und Flora des Morvan gewidmet (14, rue St-Antoine, Juni–Aug. Mi–So 14–17.30, sonst Sa, So 14–17 Uhr).

11
Les Ursulines

Karte: E7
71400 Autun
14, rue Riveault
Tel. 03 85 86 58 58
Fax 03 85 86 23 07
E-Mail: welcome@hotelursulines.fr
www.hotelursulines.fr
Kreditkarten: AmEx, Diners, Visa,
Euro, Master
Ganzjährig geöffnet. Restaurant tägl.
geöffnet.

Preise: DZ 64–93 €, Suite 93–128 €.
Frühstück 9,2 €, Tiefgarage 6,1 €.

Anfahrt: A 6 bis Ausfahrt Beaune-Sud, Richtung Centre. Dem Ringboulevard um Beaune bis zur Ausfahrt Autun folgen. Weiter auf der D 973 nach Autun (48 km). Richtung Centre halten. Dann Ausschilderung Cathédrale folgen. Das Hotel liegt in einer Gasse auf der Rückseite der Kathedrale (ausgeschildert).

Das Hotel: 2000 Jahre alt ist Autun, knapp 900 Jahre zählt die Kathedrale St-Lazare – kein Wunder, dass die lange Geschichte dieser Stadt die lokale Hotellerie prägt. Das ›Ursulines‹ entstand im 17. Jh. als Ursulinenkonvent gleich hinter der Kathedrale, quasi auf den mittelalterlich-antiken Stadtmauern. Wegen des Abhangs hinter dem Hotel hat sich Autun bis heute an dieser Stelle nicht ausgedehnt. Wo das Hotelgrundstück endet, beginnt Burgund, genauer gesagt das der Wiesen und Wälder im Morvan. Womit die Frage nach der Aussicht beantwortet wäre: *la campagne*, was sonst? Schon von der Rezeption

Tipp

Die Spezialität der **Pâtisserie Robillard** (1, rue St-Saulge) heißt *noisettes du Morvan*, ein Gebäck in Form von Haselnüssen. Drin sind Haselnüsse, gepflückt im Morvan. Eine weitere Spezialität ist die *galette bourguignonne*.

schaut man auf Schafe und Rinder, die in der Ferne einen Hügel abgrasen.

Wechselvoll ist die Geschichte des Hauses. Von den Anfängen unter den frommen Schwestern war bereits die Rede. Vom weiteren Verlauf nur so viel: Während der Französischen Revolution wurde der Konvent aufgehoben, der Komplex kam unter den Hammer. Die Besitzer wechselten, bis daraus ein Luxushotel entstand. Beim Umbau legte man größten Wert auf den Erhalt der historischen Substanz. Bis auf das klaffende Maul der (zweifellos sehr praktischen) Tiefgarage neben dem Eingang gelang der Drahtseilakt.

Dicke Läufer schlucken die Schritte im alten Steintreppenhaus. Auch wo die Stufen in den oberen Geschossen aus Holz sind, dämpfen solche Läufer jedes Geräusch. Am charaktervollsten sind die fünf, zur Kathedrale ausgerichteten Zimmer mit freigelegten Balkendecken, am ruhigsten wohl die, die zum *jardin à la française* hinausgehen: Der Garten mit seinen geometrisch angelegten Rasenflächen und Kieswegen krönt die alte Stadtmauer und wirkt wegen seiner erhöhten Lage wie ein großer Aussichtsbalkon. Etwas zu sehr den internationalen Gepflogenheiten der gehobenen Hotellerie angepasst ist die Ausstattung der Zimmer. Pastelltöne von der Tapete bis zum gerüschten Vorhang und dem schweren Bettüberwurf, dazu die üblichen Komfortstandards – TV, Minibar usw. Einen Hauch persönlicher wünschte man sich's dann doch.

Zu den Attraktionen des Hotels gehören noch die Bar (mit cremefarbenen Sofas im Stil der 1980er Jahre) und die ehemalige Kapelle. Deren Heiligenfiguren und Buntglasfenster mit religiösen Motiven haben allerdings gegen das exquisite Angebot an Speis und Trank im Restaurant ›Le Capitole‹ keine Chance. Man erbaut sich im ›Ursulines‹ eben schon lange nicht mehr an klösterlicher Bescheidenheit.

Restaurants: Le Capitole, das Restaurant des ›Ursulines‹, gilt manchen als der beste Tisch von Autun. Kleine Abstriche mögen gestattet sein, zumal der gegrillte Steinbutt in Lauchbutter zu wünschen übrig ließ. Die gegrillten Jakobsmuscheln mit zerstoßenen jungen Kartoffeln und Schalotten machten's wieder wett. Das Restaurant des **Hôtel Saint-Louis et de la Poste** (s. S. 30), **Le Chalet Bleu** in Autun (s. S.

97), **L'Auberge Ensoleillée** in Dun-lès-Places (s. S. 104).

Besichtigungen: Die **Kathedrale St-Lazare** (12. Jh.) ist eine dreischiffige romanische Basilika mit außerordentlich reichem Fassadenschmuck (besonders: Tympanon des Westportals), grandiosen Kapitellen sowie Kapitelsaal mit ausgestellten Kapitellen (tägl. 9–18 Uhr). Zu den ›Nocturnes de la Cathédrale‹ erstrahlt das Bauwerk nachts unter spezieller Beleuchtung, unterlegt mit Musik in der Kathedrale (Juli–Aug. 21–23 Uhr).

Ausflugstipps: Auf dem **Mont Beuvray** (22 km westl.) befindet sich das Ausgrabungsfeld der gallischen Siedlung Bibracte (2.–1. Jh.v. Chr.), frei zugänglich, archäologische Stätten Juni–Okt., Führungen Juni–Aug. 14, 15, 16 Uhr. Im Museum wird eine Schau zur keltischen Zivilisation und Funde aus Bibracte gezeigt (Mitte April–Mitte Sept. 10–18, Juli–Aug. bis 19 Uhr, Mitte März–Mitte April, Mitte Sept.–Mitte Nov. tägl. außer Di 10–18 Uhr).

Ländlich und doch in der Stadt liegt Les Ursulines

12

Residence Hôtel
Le Pontot

Karte: C5
89450 Vézelay
Place du Pontot
Tel. 03 86 33 24 40
Fax 03 86 33 30 05
Kreditkarten: Master, Visa
Mitte Okt.-Mitte April geschl. Kein
Restaurant

Preise: DZ 97–155 €, Appartement 125–170 €. Frühstück 10 €. Garage 8 €.

Anfahrt: A 6 bis Ausfahrt Avallon (Nr. 22). Richtung Avallon halten (D 50/N 6), von dort D 957 Richtung Vézelay nehmen. Das Hotel liegt etwas zurückgesetzt links an der zur Basilika aufsteigenden Dorfstraße.

Das Hotel: Es ist ein steiler Weg von der Place du Champ-de-Foire in der Unterstadt von Vézelay rauf zur weltberühmten Basilika Ste-Madeleine. Aber bitte, dieses Wunderwerk des christlichen Abendlands ist jede Mühe wert. So wie das ›Hôtel du Pontot‹ das Einfädeln durchs Stadttor und die we-

Tipp

Ein 9 km langer Rundwanderweg (Streckenverlauf Vézelay–Fontaine Nouvelle–Vézelay, Beginn an der D 951 Richtung Avallon, gelbe Markierung) erlaubt es, den ›heiligen Berg‹ von allen Seiten zu betrachten.

gen der Besucher auf der Straße oft nur im Schritttempo mögliche Anfahrt jeden Umstand wert ist. Auf halben Wege verbreitert sich die Dorfstraße zur Place du Marché, dem Marktplatz mit seinen an die Pfarrkirche gesetzten überdachten Lauben – und einem Parkplatz. Mit etwas Glück ist gerade ein Platz frei, sonst bietet die Einfahrt zum Hotel genügend Raum, um in Ruhe auszuladen, und den Wagen bequem in der Unterstadt oder der hoteleigenen Garage abzustellen.

Der von abweisenden Mauern umgebene Bau wirkt fast wie eine Burg, die das Dorf auf Abstand hält. Nach Norden übergrätscht das ›Hôtel du Pontot‹ eine längs der Stadtmauern verlaufende Gasse. Die schönste Überraschung gleich bei der Ankunft ist der herrliche Innengarten, eine Oase der Ruhe im Besuchermagnet, zu dem Vézelay für eine paar Hochsaisonmonate wird. Ganze elf Zimmer verteilen sich in den aus dem 16. Jh. stammenden Mauern. Die Atmosphäre ist somit sehr persönlich. Hier logiert man wie in einem Gästehaus, was Charles Thum, der amerikanische Besitzer, beabsichtigt hat: Sein Hotel bezeichnet er gern als »historisches Herrenhaus in Privatbesitz«.

Eine gewundene Steintreppe führt zu den Zimmern hoch. Antiquitäten, ein Baldachinbett, Tapeten und Bettüberwürfe mit heiteren Barockmustern bürgen für ein gepflegtes Ambiente, aus dem nur die Suite in der ehemaligen Küche herausfällt. Hier ist der Ton eher rustikal, was vor allem an den Steinbodenfliesen und dem gewaltigen Kamin liegt. Im Vergleich zu den Zimmern etwas klein fallen die Bäder aus, wobei in Punkto Komfort nicht gespart wurde. Stil wird in Mis-

Hinter der Mauer ein kleines Paradies

ter Thumes Haus eben groß geschrieben. Dies gilt auch für das Frühstück im Garten, wo die Tische mit silberner Teekanne und teurem Limoges-Porzellan eingedeckt sind.

Restaurants: Schick ist das nur wenige Schritte entfernte **Le Bougainville** (26, rue Saint-Etienne, Tel. 03 86 33 27 57, Di, Mi geschl.): Vor dem alten Kamin speist man gutbürgerliche burgundische Küche. Ungezwungen dagegen die **Auberge de la Coquille** (81, rue Saint-Etienne, Tel. 03 86 33 35 57, im Winter nur am Wochenende): hübscher Innenhof, Gewölbesaal mit langen Holztischen, günstige Preise. **L'Espérance** in St-Père-sous-Vézelay (s. S. 100), **Le Cépage** in Corbigny (s. S. 101), **Hôtel de la Poste** in Vauclaix (s. S. 102).

Besichtigung: Die Blütezeit von Vézelay fällt ins 10.–13. Jh.: Damals pilgerte vom Kaiser bis zum Bettelmönch ganz Europa auf den Hügel, um nach dem Besuch der Gebeine der Heiligen Magdalena weiter nach Santiago de Compostela oder in den Kreuzzug zu ziehen. Daran erinnert die **Abteikirche Ste-Madeleine** (12.–13. Jh.), eine der bedeutendsten des Abendlands, zudem ein Dokument des Übergangs von der Romanik zur Gotik. Wegen Tympanon, Narthex, Kapitellen setzte die UNESCO die Kirche auf die Liste des Weltkulturerbes (8–19, während der Messen Mo–Sa 7–8.30, 12.30–13, 17.30–19.15, So 10.30–12.30 Uhr nur beschränkt zugänglich). In **St-Père-sous-Vézelay** (2,5 km südl.) verblüfft die in splendider Gotik auftrumpfende Pfarrkiche. Außerhalb liegt das Ausgrabungsfeld **Les Fontaines-Salées**, ein gallisches Heiligtum mit römischen Bädern (April–Okt. 10–12.30, 13.30–18.30 Uhr). Das **Musee de l'œuvre de la basilique** zeigt im ehemaligen Dormitorium der Mönche Steinskulpturen der Basilika und eine Dokumentation zu ihrer Restaurierung durch Viollet-le-Duc (Juli–Mitte Sept. 10–12, 14–19 Uhr).

35

🔟 13

Ferienwohnungen La Citadelle

Karte: C6
58800 Cervon
La Citadelle
Tel. 03 86 20 09 74
gîtes-la-citadelle@voilà.fr
Keine Kreditkarten
Ganzjährige Vermietung

Preise: Je nach Saison 190–280 € pro Woche (›Le Garage‹ bis max. fünf, ›La Bergère‹ bis max. sechs Personen)

Anfahrt: A 6 bis Ausfahrt Avallon. Über die N 6 in Richtung Stadt halten und von dort der Ausschilderung Lormes folgen (D 944). In Lormes auf die D 170 Richtung Cervon/Corbigny abbiegen. Nach ca. 10 km im Weiler Doussas auf das Schild La Citadelle achten (C 203 Richtung Vellerot, rechte Straßenseite).

Die Ferienwohnungen: ›La Citadelle‹ bedeutet Zitadelle, doch mit einer Festung hat das Anwesen von Maricette und Gérard Villiers nichts gemein – dafür wirkt der für den Morvan typische Hof viel zu freundlich. Viel Platz verbirgt sich freilich hinter dem in ländlicher Abgeschiedenheit gelegenen Häuserriegel, zu viel für die Familie Villiers. So fiel 1975 die Entscheidung, zwei Ferienwohnungen in den Gebäuden einzurichten, die auf dem stillgelegten bäuerlichen Betrieb nicht mehr gebraucht wurden. Es war eine historische Entscheidung für die Nièvre, denn damals entstanden die ersten *gîtes* in Burgunds westlichstem Département.

Ihren Entschluss haben die Villiers nie bereut, und die Zahl der Stammgäste, von denen sich manche gleich monatsweise einquartieren, beweist, dass ihr Angebot gern angenommen wird. Die beiden Ferienwohnungen entpuppen sich bei genauerem Hinsehen eher als Ferienhäuser, die zwar nicht separat stehen, aber komplett unabhängig voneinander sind. Beide haben eine eigene Haustür, beide sind mit Waschmaschine, Geschirrspüler, Bad und vielem mehr für die Bedürfnisse auch längerer Ferien vollständig ausgestattet. Beide haben zudem einen eigenen Garten mit direktem Zugang vom jeweiligen *gîte* und einer Hecke, die vor Nachbars Blicken abschirmt. Macht zusammen drei Ähren, somit die höchste Auszeichnung, die die Klassifizierung der staatlich kontrollierten *Gîtes de France* vorsieht.

Wozu die für maximal fünf Personen vorgesehene Ferienwohnung ›Le Garage‹ und die für maximal sechs Personen geeignete Ferienwohnung ›La Bergère‹ einmal dienten, verrät ihr Name: In ›Le Garage‹ standen früher Heuwagen und Traktoren, in ›La Bergère‹ blökten unten die Schafe, und darüber schlief der Schäfer. Zu sehen ist davon nichts mehr, aber dank der rustikalen Möbel aus Omas Zeiten (was natürlich nicht für die Matratzen gilt), der offen gelegten Balken, der Keramikfliesen aus Decize, oder der von Madame Villiers aus Leinenstoffen des 19. Jh. genähten Vorhängen haftet beiden Wohnungen ein durch und durch ländlicher Charme an. Fazit: Ein Haus zum Wohlfühlen, ideal für einen Familienurlaub.

P.S.: Zu den Aufmerksamkeiten der reizenden Vermieter gehört es, dass Ankommende ein Versorgungspaket

Rasen betreten erwünscht!

mit dem Allernötigsten vorfinden – Kaffee etwa.

Restaurants: Bodenständiger geht's kaum: Das **Restaurant de l'Agriculture** in Corbigny (7 km westl.) bietet deftige Menüs ab 9,5 € an! Bekannt für seine Wild- und Pilzgerichte ist das **Relais des Lacs** in Planchez (30 km südöstl., Avenue François-Mitterrand, Tel. 03 86 78 49 00) – Mitterrand ging hier bereits zu Tisch. **L'Espérance** in St-Père-sous-Vézelay (s. S. 100), **Le Cépage** in Corbigny (s. S. 101), **Hôtel de la Poste** in Vauclaix (s. S. 102).

Ausflugstipps: **Château-Chinon** (35 km südlich) versteht sich als Hauptstadt des Morvan. In ganz Frankreich bekannt wurde es durch François Mitterrand, der hier von 1959 bis 1981 Bürgermeister war. Der Brunnen vor dem Rathaus ist ein Gemeinschaftswerk der Pop Art-Künstlerin Niki de St-Phalle und ihres ehemaligen Lebensgefährten Jean Tinguely. Im Musée du Septennat (6, rue du Château, Feb.–April, Okt.–Dez. tägl. außer Di 10–12, 14–18 Uhr, Mai, Juni, Sept.tägl. außer Di 10–13, 14–18 Uhr, Juli–Aug. 10–13, 14–18 Uhr) werden persönliche und offizielle Geschenke, die Mitterrand in seiner Amtszeit bekommen hat, ausgestellt. Der **Lac des Settons** (27 km östl.) ist ein 360 ha großer Stausee von 1858 mit großem Freizeitangebot (Baden, Rudern, Segeln). Der **Saut de Gouloux** (31 km östlich), ein Wasserfall des Bridier-Bachs, bietet schöne Picknickmöglichkeiten. In **St-Brisson** (33 km östl.) befindet sich der Sitz des Parc Régional du Morvan, inklusive Ausstellungen zum Naturpark, Arboretum, botanischem Garten und Lehrpfad am Tareau-See.

14

Hostellerie de la Poste

Karte: D5
89200 Avallon
13, place Vauban
Tel. 03 86 34 16 16
Fax 03 86 34 19 19
E-Mail: info@hostelleriedelaposte.com
www.hostelleriedelaposte.com
Kreditkarten: AmEx, Diner, Master,
Euro, Visa
Mitte Nov.-Mitte März geschl. Res-
taurant So abends, Mo, Di geschl.

Preise: DZ 109 €, Suite oder Appartement 159 €. Frühstück 11 € im
Saal, 12,5 € im Zimmer. Menüs im
Restaurant 25,9–62,5 €. Hotelpark-
platz gratis.

Anfahrt: A 6 bis Ausfahrt Avallon.
Weiter über die N 6 bis Avallon-Centre. Das Hotel liegt zu Füßen der Altstadt, an der Place Vauban (Parkplatz).

Das Hotel: An der ›Hostellerie de la
Poste‹ führt in Avallon kein Weg vorbei, und dies schon seit 1707, als das
Hotel als Postkutschenstation mit
Zimmern für die Reisenden gegründet wurde. Der blassrosa Bau mit den
taubenblauen Sprossenfenstern liegt
in strategisch nicht zu übertreffender
Lage am Eingang zur Altstadt – wer
Avallon besichtigt, steht irgendwann
vor der ›Hostellerie de la Poste‹. Am
besten, man mietet sich gleich in dem
historischen Gemäuer ein, dessen
Charme und Komfort schon Napoleon auf seiner Rückkehr aus dem Exil
auf Elba am 18. März 1815 zu schätzen wusste. Seitdem ist viel Wasser
den zu Füßen Avallons rauschenden
Cousin hinunter geflossen. Zwi-

schenzeitlich sah es sogar so aus, als
ob das altehrwürdige Haus für immer
geschlossen bliebe: Der Renovie-
rungsstau hatte die Stammgäste ver-
grault. Ein paar Jahre prangte das
Schild *fermé* an der barocken Tordurchfahrt. Dann kam die Erlösung
in Form eines investitionswilligen
Hoteliers. Heute glänzt die ›Hostellerie de la Poste‹ in altem Glanz und
mit vier Sternen.

Die zwölf Zimmer und 18 Suiten
gehen alle auf den ruhigen, weil nur
Fußgängern vorbehaltenen Innenhof.
Geraniengeschmückte Holzgalerien
im ersten Stock und das Kopfstein-
pflaster vermitteln ein Bild von der
Zeit, als hier die Postkutschen auf
dem Weg nach Paris oder Lyon ein-
fuhren. Im Sommer wird in dem lichten Hof das Frühstück serviert. Die
Zimmer unter dem Dach haben eine
leichte Schräge und freigelegte Balken, die das Raumgefühl in keinster
Weise beeinträchtigen. Antiquitäten

Postkutschen rollen nicht mehr in den Hof. Dafür schläft man um so ruhiger.

pérance in St-Père-sous-Vézelay (s. S. 100), **Le Pot d'Etain** in L'Isle-sur-Serein (s. S. 110).

Besichtigungen: Avallons mittelalterliche Silhouette wird von der Lage auf einem Granitfels über dem Cousin-Tal in Szene gesetzt. Sehenswert sind die **Tour de l'Horloge**, ein Stadttor mit Wachturm und Uhr aus dem 15. Jh. Mehrmals verändert und zerstört wurde **St-Lazare**, 1106 als Kollegiatskirche geweiht. Erhalten blieben zwei Portale mit Tympanon und Figurenprogramm (9–19 Uhr). Die **Ruelle de remparts** ermöglicht einen Spaziergang unterhalb der Stadtmauern mit Blick aufs Cousin-Tal. Beginn ist am Stadttor **La Petite Porte**.

Museen: Das **Musée de l'Avallonnais** (Place de la Collégiale, Mitte Juni–Mitte Sept. tägl. außer Di 10–12.30, 14–18, sonst 10–12, 14–18 Uhr) zeigt gallo-römische Funde sowie Malerei von Toulouse-Lautrec bis Rouault. Das **Musée du Costume** im Barockpalais Condé (Mitte April–Okt. 10.30–12.30, 13.30–17.30 Uhr) stellt Kleider und Moden des 18.–20. Jh. aus. Im **Musée Historique des véhicules des Chefs d'Etat** (8 km östl. im Château de Montalin, Sauvigny-le-Bois, 9–19 Uhr) kann man Staatskarossen z. B. von Kennedy und de Gaulle besichtigen.

und darauf abgestimmte Stilmöbel pochen auf Tradition, ebenso wie ein Himmelbett in dem einen oder anderen Zimmer.

Im Erdgeschoss lockt die Bar ›1707‹ mit Kamin, schwerer Balkendecke und einladenden Fauteuils – sowie der Cocktailkarte, die beachtlich ist. Im großzügigen Restaurant erinnert ein Gemälde mit Postkutsche an die Historie des Hauses. Die knapp 300 Jahre, die das Haus zählt, sind ohnehin überall präsent, und dies in des Wortes angenehmsten Sinne.

Restaurants: Das hoteleigene Restaurant gilt zu Recht als der beste Tisch in Avallon – unvergesslich der Hummersalat mit hausgemachter *foie gras*. Das **Relais des Gourmets** (47, rue de Paris, Tel. 03 86 34 18 90) ist eine würdige Alternative, weniger elegant zwar, aber mit einem unschlagbaren Preis-Leistungs-Verhältnis – exzellente Charolais-Gerichte. **L'Es-**

Ausflugstipp: Das **Tal des Cousin** schmiegt sich im Süden an die Stadt. Die D 427 folgt dem von Wäldern und Granitfelsen gerahmten Flüsschen ab Magny bis zur Mündung in die Cure.

15
Château de Vault-de-Lugny

Himmlisch, so ein Bett

Karte: D5
89200 Avallon
11, rue du Château
Tel. 03 86 34 07 86
Fax 03 86 34 16 36
E-Mail: vaultlugny@chateauxhotels.com
www.chateauxhotels.com/vaultlugny
Kreditkarten: AmEx, Diner, Master,
Visa, Euro
12.Nov.-Mitte März geschl. Restaurant nur für Gäste und abends geöffnet

Preise: DZ 153–229 €, Appartements und Suiten 259–442 €. Frühstück inklusive. Menüpreise im Restaurant 45–80 €. HP 229–518 €. Sonderarrangements wie ein Drei-Tage-Package möglich.

Anfahrt: A 6 bis Ausfahrt Avallon. Weiter über die N 6 bis Avallon-Centre. In der Stadt folgt man der Ausschilderung Vézelay (D 957). Nach 5 km zweigt in Pontaubert die Straße nach Vault-de-Lugny ab. Das Schloss liegt kurz vor dem Dorf auf der rechten Seite.

Das Hotel: Das ›Château de Vault-de-Lugny‹ setzt in jeglicher Hinsicht Maßstäbe. Ein weißer Pfau krakeelt im Park – sein Schrei verliert sich in der 15 ha umfassenden Weite. Von Entengrütze bedeckte Wassergräben umgeben das Château, dessen Baumasse eine Stilgeschichte burgundischer Adelssitze vom 13. bis zum 16. Jh. darstellt. Hinter dem gewaltigen Schloss macht sich das romanische Dorfkirchlein von Vault-de-Lugny

äußert bescheiden aus. So der erste Eindruck, wenn man über die Brücke in den immensen Hof vorgefahren ist. Es rauscht und gluckert von allen Seiten. Allein 800 m Fluss stehen den Gästen zum Forellenangeln frei. Wie groß der Wald ist? Wie alt die Platanenriesen ums Schloss? Man gibt irgendwann auf, dieses herrliche Anwesen zu vermessen – und genießt auf hohem Niveau.

Seit das ›Château de Vault-de-Lugny‹ 1986 in eine luxuriöse Bleibe der *happy few* umgewandelt wurde, hat sich nach außen wenig verändert. Dezent weist ein verhältnismäßig kleines Schild am Portal darauf hin, dass man hier sein Haupt betten kann. In den Zimmern vermitteln Parkettböden, französische Plafonds mit verzierten Balken und Malereien sowie Wandvertäfelungen das Gefühl, ein Schloss im Originalzustand zu bewohnen. Einige außergewöhnlich stimmungsvolle Zimmer haben ein Himmelbett sowie einen Marmorkamin. Andere sind etwas bescheidener, wenngleich auch hier ein kleiner Baldachin über dem Kopfende des Bettes schwebt. Allen gemein ist der zauberhafte Parkblick. Dort steht etwas im Abseits der Donjon, der älteste Teil des Schlosses. Seine Funktion als Wachturm braucht er nicht mehr zu erfüllen. Der klobige Bau ist heute eine ebenso romantische Kulisse wie die beiden Schlosslabradore lammfromm sind – selbst die Wildgänse haben hier nichts zu befürchten.

Zu den Besonderheiten dieses alle Rahmen sprengenden Anwesens gehören auch ein Helikopterlandeplatz, ein Gemüsegarten – und die Möglichkeit, vom Park mit einer Montgolfiere in die Lüfte zu steigen.

Restaurants: Das **Schlossrestaurant** ist den Hotelgästen vorbehalten. Serviert wird eine dem Rahmen des Hauses entsprechende gehobene Küche. Man hat die Wahl, im Kreis anderer Gäste am langen Ehrentisch vor dem Kamin Platz zu nehmen oder sich das Menü in einem romantischen Winkel auftischen zu lassen. **L'Espérance** in St-Père-sous-Vézelay (s. S. 100). Siehe auch Empfehlungen zur **Hostellerie de la Poste**, S. 39.

Ausflugstipps: **Clamecy** (32 km westl.) liegt malerisch an der Mündung von Beuvron und Sauzay in die Yonne. Die Stadt war bis in das 20. Jh. ein Knotenpunkt für die Holzflößer aus dem Morvan: Ab Clamecy ist die Yonne schiffbar. Sehenswert ist die Collégiale St-Martin, ein hervorragendes Beispiel der burgundischen Gotik (tägl. 9–18 Uhr). Im Faubourg Bethléem (Unterstadt) sind noch einige ärmliche Katen der Flößer erhalten. Dazwischen steht die expressionistisch angehauchte Kirche (1926) des Viertels. Das Musée d'Art et d'Histoire Romain Rolland (Avenue de la République, Juni–Sept. tägl. außer So morgens u. Di, sonst tägl. außer So morgens u. Mo, Di 10–12, 14–18 Uhr) zeigt neben Steingut aus dem Nivernais eine Sammlung zur Geschichte der Holzflößer. **Avallon**, siehe Hostellerie de la Poste, S. 39. **Vézelay**, siehe Résidence Hôtel Le Pontot, S. 34.

Stilles Wasser, mächtige Burg: ergibt zufriedene Gäste.

16

Le Parc des Maréchaux

Karte: C4
89000 Auxerre
6, avenue Foch
Tel. 03 86 51 43 77
Fax 03 86 51 31 72
E-Mail: contact@hotel-parcmarechaux.
com
www.hotel-parcmarechaux.com
Kreditkarten: AmEx, Diner, Visa,
Master, Euro
Ganzjährig geöffnet

Preise: DZ 74–90 €. Frühstück 9–11 €. Parkplatz gratis (begrenzte Kapazität).

Anfahrt: A 6 bis Ausfahrt Auxerre-Nord oder Auxerre-Sud. Richtung Centre halten. Das weiträumig ausgeschilderte Hotel liegt in einer Seitenstraße des Altstadtboulevards (Boulevard Vauban/Boulevard du 11 Novembre).

Das Hotel: Die riesige Araukarie ist nicht mehr ganz das, was der exotische Nadelbaum einmal vor dem schweren Frost des Winters 1985 war, doch ansonsten ist der Park, der dem Hotel seinen Namen leiht, immer noch eins der schönsten grünen *Hideaways* von Auxerre. Der alte Baumbestand wirft seinen Schatten über Beete, den Grottenbrunnen und Bänke. Ein Pool ist im Jahr 2000 hinzugekommen, und als nächstes soll das zauberhafte alte Treibhaus restauriert werden.

Die Hauptattraktion bleibt natürlich das 25 Zimmer zählende Haus selbst. Ursprünglich war die einem Loire-Schloss nachempfundene Second-Empire-Villa das Domizil des

Tipp

Das Faltblatt ›Auxerre Fleurie‹, ein Führer durch die 13 Parks und Gärten der Stadt, gibt es im Office de Tourisme (1–2, quai de la République, Tel. 03 86 52 06 19) und natürlich an der Rezeption.

Bürgermeisters von Auxerre, gelegen in einem Viertel mit Villen, viel Grün und dennoch in Fußwegnähe zur Altstadt. Vor knapp 20 Jahren wurde daraus ein Hotel, das sich im Laufe der Zeit vom Zwei- zum Dreisternehaus emporgearbeitet hat. Alles weitere wird sich finden, zumal der neue Besitzer neuerliche Verbesserungen im Kopf hat. Bleiben wird es mit Sicherheit beim leicht schwülstigen Saloncharme des ›Parc des Maréchaux‹, der bestens zur Aura der 150 Jahre alten Villa passt. Die Bar im Erdgeschoss verströmt dank Stuck und viel rotem Plüsch einen Hauch orientalischen Serails – ein Ort, in dem Flaubert seiner Zeit den Roman *Salambô* hätte schreiben können. Zackiger kommen die Namen der Zimmer daher. Jedes trägt den Namen eines Marschalls von Napoleon III. Im ›Berthier‹ hängt ein Porträt selbigen Marschalls, und vom kleinen Balkon schaut man auf den Park. ›Vauban‹ ist eins von vier besonders geräumigen Zimmern. Die Wände sind stoffbespannt, an der Decke prangt Stuck, und im Bad wurde beim Marmor nicht gespart. ›Brun‹ hingegen ist im Vergleich klein – ideal für Alleinreisende.

Kurzum, das ›Parc des Maréchaux‹ ist das erste Haus am Platz. Teilen muss man das Glück, im Park über die weißen Kieswege zu wandeln, bisweilen mit Besuchern, die nicht Gast im Hotel sind. Der denkmalgeschützten Park ist eine Etappe auf einer eigens für die historischen Gärten der Stadt entworfenen Route. Aber bis ins grüne Idyll verirrt sich nur äußerst selten jemand, der nicht im Hotel residiert.

Restaurants: Der erste Tisch bleibt das **Restaurant Jean Luc Barnabé** (14, quai de la République, Tel. 03 86 51 68 88), wegen des Ambientes in einem vornehmen Herrenhaus an der Yonne und Spezialitäten wie Zander mit Ratafia (Likörwein) aus dem nahen Irancy. **Hostellerie des Clos** in Chablis (s. S. 108), **Auberge du Château** in Val-de-Mercy (s. S. 50).

Besichtigung: **Auxerre,** die Hauptstadt des Départements Yonne ist reich an Attraktionen, vor allem in der im Halbrund am Fluss angelegten Altstadt. In der **Abbaye St-Germain** werden die Fresken auf das 9. Jh. datiert: Die karolingischen Krypten der der romanisch-gotischen Klosterkirche gelten als die ältesten Frankreichs (Kirche tägl. 9–18 Uhr, Krypten nur mit Führung Juni–Sept. halbstdtl. 9.30–12, 14–17.30, sonst 9.30–11.30, 14–16.30 Uhr). **St-Etienne** ist die bedeutendste gotische Kathedrale Burgunds (13. Jh., die Krypta mit Fresken, darunter ›Le Christ à cheval‹, ist jedoch romanisch, die Schatzkammer zeigt Emaille aus Limoges, Handschriften, Elfenbeinschnitzereien, liturgisches Gerät (9–12, 14–18, Juli–Sept. 9–18, So bis 17 Uhr). **St-Pierre** ist eine Renaissancekirche mit Klosterhof (9–18 Uhr) im verwinkelten Winzerviertel (Rue du Pont). Die **Tour de l'Horloge**, das Stadttor mit Uhrturm (1483), gilt als Wahrzeichen von Auxerre. Im **Quartier de la Marine**, dem ehemaligen Flussschifferviertel zwischen Quai de la Marine und Abbaye St-Germain liegt die Place St-Nicolas mit der Statue des Hl. Nikolaus. Der **Clos de la Chaînette** (auf dem Gelände des Hôpital psychiatrique am Boulevard de la Chainette) ist ein 5 ha großer Weinberg, der als einziger im Auxerrois nicht von der Reblaus Ende des 19. Jh. vernichtet wurde.

Museen: Das **Musée d'Art et d'Histoire** (in der Abbaye St-Germain), zeigt prähistorische und gallo-römische Ausgrabungsfunde (Mai–Sept. 10–18, Okt.–April tägl. außer Di 10–12, 14–18 Uhr). Im **Musée Leblanc-Duvernoy** (9, rue d'Egleny) werden Fayencen des 18. Jh., darunter etliche mit Revolutionsmotiven, sowie Tapisserien aus Beauvais, Steingut der Puisaye und burgundisches Mobiliar gezeigt (tägl. außer Di und feiertags 14–18 Uhr).

Ein Pool und ein Park in der Stadt

17

Domaine du Roncemay

Karte: B3
89110 Aillant-sur-Tholon
Tel. 03 86 73 50 50
Fax 03 86 73 69 46
E-Mail: roncemay@aol.com
www.roncemay.com
Kreditkarten: AmEx, Diner, Visa,
Master, Euro
Ganzjährig geöffnet

Preise: DZ 151–191€. Frühstück 17 €. Golferpauschale 335 € pro Person im DZ.

Anfahrt: A 6 bis Ausfahrt Joigny. Richtung Toucy (D 3) halten. Bei Sommecaise auf die D 14 Richtung Les Ormes abbiegen. In Les Ormes Richtung Chassy (D 57) halten. Das Hotel liegt nach ca 4,5 km am Ende einer Zufahrt.

Das Hotel: Obstbäume flankieren zu beiden Seiten die Zufahrt der ›Domaine de Roncemay‹ – hier reifen Mirbellen, Reines-Claudes, Zwetschgen, Williamsbirnen, aber auch Himbeeren und Riesenrhabarber, die etwas weiter in der *Confiturerie* zu köstlichen Konfitüren verarbeitet werden (siehe Tipp). Hufeisenförmig gruppiert sich das Hotel um einen kopfsteingepflasterten Hof – es handelt sich um die luxuriös umgebauten Dependenzen des Jagdschlösschens, auf das der Hotelname verweist. Im schmucken Château selbst, das hinter den Dependenzen auf weiter Golfflur steht, gibt es nur zwei Suiten. Hinter der klassizistischen Fassade haben ansonsten die Mitglieder der Eigentümergemeinschaft ihre Wohnungen. Schade, vielleicht, doch großzügiger sind ohnehin die Zimmer in den Dependenzen. Fast alle öffnen sich auf den 85 ha großen 18-Loch-Golfplatz, der sich in das 150 ha weite Grundstück der Domaine de Roncemay bettet.

Über eine Teakholzgalerie, die sich wiederum zum ansehnlichen Pool öffnet, gelangt man auf die Zimmer. Al-

Golfen mit Schlossblick. Die Domaine de Roncemay macht's möglich.

le liegen im ersten Stock. Hohe Decken, offene Balken, sorgsam plazierte Antiquitäten und Stahlstiche kennzeichnen die lichten Räume. Im Bad fügen Terrakottakacheln dem Luxus eine rustikale Note hinzu. Obwohl die Zimmer viel Verweilqualität aufweisen, treibt es die meisten Gäste dennoch hinaus auf den Green – schließlich logiert man in einem Hotel mit einer der schönsten Golfanlagen Frankreichs, inklusive eleganter Golferboutique. Wer sich anderweitig betätigen möchte, findet zum Einem mit den gewaltigen Eichenwäldern rund ums Anwesen reichlich Auslauf.

Zum Anderen bietet das Fitness-Center weitere Möglichkeiten, sich auszutoben. Der neue, original marrokkanische Hamam hingegen verführt zu einer kleinen Entführung ins Serail inklusive Pfefferminztee, Massage und Eukalyptusaufguss. Die roten Lederliegen im Vorraum sind nur ein extravagantes Detail des Dampfbades, bei dem an Nichts gespart wurde.

Restaurants: *Chef de cuisine* Christophe Dufossé steht seit April 2001 in der Küche des noblen Hotelrestaurants – und hat der **Domaine de Roncemay** prompt zum ersten Michelin-Stern verholfen. Den gab es für seinen gegrillten Seeteufel mit *foie gras* und die Entenbrust mit Ingwerhonig. **La Côte Saint-Jacques** in Joigny (s. S. 112). Weitere Restauranttipps beim **Hotel Le Parc des Maréchaux**, S. 42.

Ausflugstipps: Die Kleinstadt **Joigny** liegt am rechten Ufer der Yonne. Der alte Winzerort verfügt über ein Stadtbild aus dem 16. Jh. Das Label ›Ville d'art et d'Histoire‹ bürgt für entsprechend viele Sehenswürdigkei-

Tipp

Die **Konfitüren** der **Domaine de Roncemay** werden aus Früchten hergestellt, die ohne Pestizide und chemische Dünger heranreifen. Was nicht in Burgund gedeiht, stammt von hauseigenen Pflanzungen – so etwa die Aprikosen, die von der Domaine du Villard in der Provence geliefert werden. Gearbeitet wird mit Kupferkesseln, und das auch nur zur Saison. Tiefgekühlte Früchte sind tabu. Der Vorrat ist entsprechend begrenzt: Es kann vorkommen, dass nicht alle Sorten ganzjährig im Regal der Boutique stehen.

ten. Als da wären die Porte de Bois (13. Jh.), einziges erhaltenes von einst vier Stadttoren und das Quartier St-Jean, ein Fachwerkviertel mit der Maison du Bois (16. Jh.). Über dem Viertel thront die Renaissancekirche St-Jean auf einem Hügel. Im Seitenschiff ein Steinsarkophag (12. Jh.) von Adelais de Joigny (9–18 Uhr). St-Thibault, die Kirche der Unterstadt (9–18 Uhr) im Stil der Flamboyantgotik (1490–1529) mit einem Reiterstandbild des Heiligen Thibault am Nordportal. Das Château des Gondi (Rue D. Grenet) ist ein Renaissancepalais einer im 16. Jh. aus Italien zugewanderten Familie. Vom Quai de la Butte (linkes Ufer der Yonne) hat man den schönsten Panoramablick auf die Stadt. Bliebe noch der Espace Jean de Joigny, ein moderner Komplex auf dem Gelände eines mittelalterlichen Hofs. Ausstellungen moderner Kunst (tägl. außer Mo 14.30–18.30 Uhr). **Auxerre** (s. S. 43).

18

La Fontaine aux Muses

Karte: B3
89116 La Celle-Saint-Cyr
Tel. 03 86 73 40 22
Fax 03 86 73 48 66
Kreditkarten: Visa, Master, Euro
Ganzjährig geöffnet, Mo mittags–Di
17 Uhr geschl.

Preise: DZ 57–65 €. Frühstück 7 €.
Halbpension 60–82 € pro Person.

Anfahrt: A 6 bis Ausfahrt Joigny.
Über Sépaux bis Précy-sur-Vrin (D
3). Dort über die D 174 bis La Celle-
Saint-Cyr. Das Hotel liegt ca. 800 m
außerhalb im Weiler La Fontaine.

Das Hotel: Verwunschen wirkt das
weiße Anwesen mit den schwarzrot ge-
streiften Ziegelsteinlaibungen an Fenster und Türen. Die dunkelgrünen
Fensterläden erinnern ein bisschen an
ein Forsthaus. Wilder Wein klettert
bis unter den Giebel. Im kiesbestreu-
ten Hof laden Gartenstühle zum Verweilen ein. Etwas im Abseits: Pool,
Tennisplatz und 6-Loch-Golf-Platz.

Was man nicht auf den ersten Blick
sieht: Eine hübsch schräge Adresse ist
dieser ›Brunnen der Musen‹. Dank
seines lebenslustigen Besitzers Vin-
cent Pointeau-Langevin plätschert er
fröhlich vor sich hin. Vorzugsweise
am Wochenende trudeln Künstler
und Musiker im Hotel ein. In der
gemütlichen Bar kann es dann hoch
hergehen. Regelmäßig finden Jazz-

Konzerte statt. In der ›Fontaine aux Muses‹ steigt man in einem echten Künstlerhaushalt ab, was die surrealistischen Gemälde im Restaurant und der sorgsam übers Haus verteilte Trödelnippes unverkennbar kundtun. Vincents Vater ist selber Musiker und hat eine Hymne auf Europa komponiert. Außer Musik machen Vater und Sohn auch Wein. Übrigens gar keinen schlechten: Die Pinot Noir- und Chardonny-Weine aus eigenem Anbau sind honette Tropfen.

Wer früh zu Bett möchte, ist vielleicht in den Zimmern im neuen Gästehaus ein paar Schritte weiter gut aufgehoben. Aber keine Angst, die ruhige Lage im Grünen bürgt dafür, dass außer Vogelgezwitscher nichts zu hören ist, sobald die Musiker im Res-

taurant ihre Instrumente nach dem ›Dîner musical‹ eingepackt haben.

Die Zimmer gehen alle ins Grüne, was in diesem Fall den Weinberg bedeutet. Die Einrichtung ist schlicht, aber von einer so persönlichen Note wie das ganze Haus. Nippes und Kurioses also auch hier. Im Neubau fallen die Zimmer nüchterner aus. Sie sind dafür größer, komfortabler und leichter zugänglich – der Flur im oberen Stock des Hauptbaus ist wegen der Dachschräge etwas eng.

Mag sein, dass sich nicht jeder bei den musizierenden Winzern wohl fühlt. Wer aber gern mit unkonventionellen Geistern verkehrt und dem üblichen Hotel-Einerlei entfliehen möchte, ist hier gut aufgehoben. Und sei's auch nur für einen Bossa Nova.

Restaurants: Das Restaurant der **Fontaine aux Muses** bietet einige exquisite Überraschungen. Hausspezialität ist ein Hummerragout mit *foie gras*. Gut geschmeckt hat ebenfalls die Entenbrust mit Akazienhonig, zu der der hauseigene Pinot noir hervorragend passte. **La Côte Saint-Jacques** in Joigny (s. S. 112). Weitere Restauranttipps beim **Hotel Le Parc des Maréchaux**, S. 42.

Ausflugstipps: **Villeneuve-sur-Yonne** (20 km nördl.) war einst ein befestigter Vorposten für die Stadt Sens, den Ludwig VII. vom Reißbrett entwerfen ließ. Daran erinnern die Bollwerke (Tour Louis-le-Gros) und der geometrische Grundriss. **Auxerre**, siehe **Hotel Le Parc des Maréchaux**, S. 43. **Joigny**, siehe **Le Domaine de Roncemay**, S. 44.

La Fontaine aux Muses ist eine nonchalante Künstlerbleibe

19

Château de Prunoy

Karte: B3
89120 Prunoy
Tel. 03 86 63 66 91
Fax 03 86 63 77 79
E-Mail: chateau.de.prunoy@wanadoo.fr
www.chateaudeprunoy.com
Kreditkarten: AmEx, Visa, Master,
Euro
April–Okt. geöffnet.

Preise: DZ 110–122 €. Frühstück 10 €.

Anfahrt: A 6 bis Ausfahrt Joigny. Richtung Montargis halten (D 943). Nach 4 km zweigt links die D 16 nach Prunoy ab.

Das Hotel: Was tun, wenn man als kaum Zwanzigjährige ein gewaltiges, aber gänzlich leeres Barockschloss erbt? Wenn der Denkmalschutz mit seinen strengen Auflagen auf dem bröckelnden Gemäuer und dem herrlichen, 100 ha weiten Park lastet? Josée Roumilhac wusste sich zu helfen. Und erzählt, während sie sich die nächste Zigarette anzündet. Zunächst diente ihr der feudale Rahmen als Ausstellungsraum für Antiquitäten, mit denen die junge Schlossherrin handelte. Die Tradition ist übrigens nicht ganz abgebrochen, da fast alle antiken Möbel, die sich auf 13 Zimmer und sechs Suiten verteilen, auf Anfrage zu verkaufen sind. Dann wurde aus der Antiquitätenhändlerin 1981 eine Hotelbesitzerin. In ihrer Haltung, die Exzentrik und Eleganz verbindet, blieb Josée Roumilhac freilich ganz Schlossherrin. Was ganz im Sinne ihrer zahlreichen Stammgäste ist.

Lange bevor das ›Château de Prunoy‹ zahlende Gäste empfing, war es ein Hort unkonventioneller Zeitgenossen. Die Großeltern der heutigen Besitzerin hatten André Gide zu Gast. Dem Schriftsteller zu Ehren wurde ein Zimmer im Erdgeschoss nach ihm benannt. Man schaut vom Fenster auf den Park, in dem sich Teiche, Pool und Tennisplatz verlieren. Kletterrosen ranken an der Rückfassade – zauberhaft.

Im für alle Gäste offenen großen Salon knarzt das Parkett. In der feudalen Eingangshalle beeindrucken die verspielten Rokokoboiserien. Das Château wirkt nicht wie ein Hotel, sondern eher wie ein Schloss, das sich seit Ewigkeiten in Familienbesitz befindet und entsprechende Abnutzungsspuren aufweist. Was man für die eine oder andere Schramme geboten bekommt, ist freilich grandios. Etwa die kreisrunde, komplett vertäfelte Bi-

Mehr Schloss geht nicht – das Château de Prunoy

bliothek im ersten Stock – in der man nächtigen kann. Oder die ›Chambre Rose‹ mit Röschenmuster an der Wand und einem Bad im Rundturm. Oder die schwarzgelb gehaltene ›Chambre Tournesol‹, in die die Sonne von allen Seiten einfällt und afrikanische Kunst von einem Leben ›Out of Africa‹ träumen lässt. Oder das Belle-Époque-Bad in der ›Suite 1900‹…

Dies ist kein gewöhnliches Hotel, sondern ein Ort jenseits der üblichen Kategorien. Mit kleinen Schönheitsfehlern, gewissen Mängeln wie zeitweisem Personalnotstand, was jedoch angesichts des grandiosen Ambiente und einer Persönlichkeit wie der von Madame Roumilhac wenig zählt.

Restaurants: Das Restaurant im Renaissanceflügel des **Château de Prunoy** bietet traditionelle französische Küche, im Sommer auch auf der herrlichen Terrasse: nicht weltbewegend, aber korrekt. **La Fontaine aux Muses** in La Celle-Saint-Cyr, s. S. 46. **La Côte Saint-Jacques** in Joigny (s. S. 112). Weitere Restauranttipps beim **Hotel Le Parc des Maréchaux**, S. 43.

Ausflugstipps: Saint-Fargeau (30 km südl.) ist die dörfliche Hauptstadt der Puisaye und war einst das Exil der *Grande Mademoiselle*, einer in Ungnade gefallenen Cousine Ludwigs XIV. Ein Relikt des Ancien Régime ist das **Schloss** (15. Jh.), errichtet aus für die Puisaye typischen roten Ziegeln, im 17. Jh. zum feudalen Schloss umgebaut (April–Sept. 10–12, 14–18 Uhr). Sehenswert ist zudem die **Tour d'Horloge**, ein Stadttor mit Uhrturm aus dem 15. Jh., sowie das **Musée de la réproduction du son** an der Place de l'Hôtel de Ville. Ausgestellt sind Phonographen und mechanische Musikinstrumente (April–Okt. 10–12, 14–18, sonst nach Vereinbarung, Tel. 03 86 74 13 06). Nett auch für Kinder ist **La Ferme du Château** (hinter dem Schloss), ein Schaubauernhof der Puisaye um 1900 (April–Nov. 10–19 Uhr). **Saint-Saveur-en-Puisaye** (35 km südl.) wäre nur ein unscheinbares Dorf – ohne Colette. Der 1000-Seelen-Ort verdankt seine landesweite Bekanntheit der Schriftstellerin, die in der Maison Colette (Rue Colette, mit Gedenkplakette) zur Welt kam. Im Musée Colette erfährt man mehr über die Schriftstellerin: Dazu gehören die getreue Nachbildung ihrer Pariser Wohnung, ein Schmetterlingskabinett sowie Andenken zur Familiengeschichte (April–Okt. tägl. außer Di 10–18, sonst Sa, So 14–18 Uhr).

20

Auberge du Château

Karte: C4
89580 Val-de-Mercy
3, rue du Pont
Tel. 03 86 41 60 00
Fax 03 86 41 73 28
E-Mail: delfontaine.j@wanadoo.fr
Kreditkarten: Visa, Masters, Euro
Mitte Jan.-Ende Feb. geschl.

Preise: DZ 59,5–68,6 €. Frühstück 10 €.

Anfahrt: A 6 bis Ausfahrt Nitry. Von Nitry über Vermenton (D 11/N 6) bis Cravant. Dort überquert man die Yonne. In Vincelles nach Coulanges-la-Vineuse (D 85) abbiegen und nach ca. 1,5 km auf die D 38 nach Val-de-Mercy links abbiegen. Das Hotel liegt im Dorf an der D 165 nach Fontenay.

Das Hotel: Auxerre und das Tal der Yonne sind nah und im stillen Val-de-Mercy zugleich Lichtjahre entfernt. Das Winzerdorf schmiegt sich an einen riesigen Wald. Burgundreisende verirren sich selten hierher, und so döst der Dorfhund mitten auf der Straße. Gegenüber fällt eine schmucke Villa vom Anfang des 20. Jh. ins Auge: rosa Putz, bordeauxrote Fenster, ein herrschaftliches Flügeltor und Schnörkelgitter zum Hof, um den sich die Nebengebäude reihen, gepflegte Blumenbeete, an denen das Auge Gefallen findet. Kurzum, so stellt man sich das Domizil eines Dorfhonoratioren, eines Advokaten oder Doktors vielleicht, vor. Dahinter verbirgt sich ein kleines, charmantes Hotel-Restaurant, von dem

Tipp

Der **Train touristique Auxerre–Clamecy–Corbigny** (Juni–Sept.) ist ein nostalgischer Schienenbus der 1950er Jahre durch das Yonne-Tal. Spektakulär auf der Fahrt sind die Rochers du Saussois, die höchsten Felsen (50 m) im oberen Yonne-Tal. An den nackten Felsnadeln übt der Club Alpin Français.

man nicht weiß, ob man zuerst über die Zimmer oder über die Küche reden sollte.

Der Reihe nach: Fangen wir mit den Zimmern an. Es gibt nur vier, dazu eine Suite, und alle liegen im oberen Stockwerk. Weiße Wände, rosa Vorhänge und Bettüberwürfe, das eine oder andere antike Stück bestärken den ersten Eindruck: Dies Hotel ist ein Paradebeispiel seiner Gattung aus der französischen Provinz. Bis auf ein Zimmer haben alle einen Parkettfußboden und verfügen natürlich über jeglichen modernen Komfort – was auch für die Bäder gilt.

Zum Frühstück wird bei schönem Wetter draußen auf der Terrasse eingedeckt. Gespeist wird ansonsten in zwei überraschend eleganten Sälen. Parkett auch hier, dazu noble Art-déco-Sessel, Gemälde an der Wand und eine gekonnt akzentuierte Ausleuchtung. Der *chef de cuisine* und Inhaber der ›Auberge du Château‹ heißt Jacques Delfontaine, seines Zeichens Mitglied in der *Académie Nationale de Cuisine*. Man zeigt sich beeindruckt, doch überzeugender als solche Titel ist, was auf den Teller kommt. Bei Monsieur Delfontaine sind dies ein *gâteau* von Gambas und Krebsen, serviert mit einem Kaviarklößchen, das auf einem Gurkensud schwimmt. Etwas einfacher die Lammnüsschen mit Akazienhonig, altbewährt und köstlich.

Zum Schluss erzählt der Hausherr, was es mit dem Bau auf sich hat. Die ›Auberge du Château‹ war früher ein Bauernhof. Von wegen Honoratiorenvilla. Macht aber nichts, weil man mit der Wahl von Tisch und Bett auch so goldrichtig liegt.

Restaurants: Zum Restaurant der **Auberge du Château** siehe oben. **L'Espérance** in St-Père-sous-Vézelay (s. S. 100). Weitere Tipps beim **Hotel Le Parc des Maréchaux**, S. 43.

Ausflugstipps: Die **Abtei Pontigny** (38 km nördl.) wurde 1114 als Cîteaux' zweite Tochter gegründet. Nach der Auflösung des Klosters 1791 erfolgte der Abriss, bei dem die Kirche allerdings verschont blieb. Sie ist seither die Pfarrkirche des Dorfs: Notre-Dame-de-l'Assomption (12.–13. Jh.), der schlichte, in seinen Ausmaßen gewaltige Bau ist mit Vorhalle 119 m lang. Beispielhaft für den Übergang von Romanik zur Gotik. Vom barocken Kloster blieb nur ein Flügel auf der Nordseite der Kirche (tägl. 9–18 Uhr). **Mailly-le-Château** (12 km südl.) schmiegt sich an die Yonne und den Canal du Nivernais. Entsprechend beliebt ist das hübsche Dorf als Ankerplatz bei Flussboottouristen. Zu sehen gibt es das alte Dorf auf einem Hügel (Mailly-le-Haut) mit Mauern, gotischer Wehrkirche und Panorama auf den Morvan und das Yonne-Tal. Mailly-le-Bas liegt hingegen unten am Uferfels. Drei Wasserbecken und die Kapelle St-Nicolas, der der Patron der Flößer ist, unterstreichen die Verbundenheit zum Wasser. **Auxerre**, siehe **Hotel Le Parc des Maréchaux**, S. 43.

Die Kirche bleibt im Dorf, die Auberge du Château ebenfalls

21
Chambres d'hôtes
Château de Beauregard

Karte: E5
21390 Nan-sous-Thil
Tel. 03 80 64 41 08
Fax 03 80 64 47 28
E-Mail: beauregard.chateau@
wanadoo.fr
www.perso.wanadoo.fr//beauregard.
chateau
Kreditkarten: Visa, Masters, Euro
Mitte Jan.-Dez. geschl.

Preise: DZ 98–128 €, Frühstück inklusive.

Anfahrt: A 6 bis Ausfahrt Bierre-lès-Sémur. D 980 bis Précy-sous-Thil. Weiter über die D 70 in Richtung Vitteaux. Kurz hinter der Butte de Thil rechts nach Thil-la-Ville und Nan-sous-Thil abbiegen. Das Schloss thront oberhalb des Dorfes.

Die Gästezimmer: Die Lage von Dorf und Schloss ist beneidenswert. Im Südwesten lockt der ruppige Hochwald des Morvan, im Südosten rollen die Hügel des lieblichen Auxois sanft zum Ouche-Tal ab. In Nan-sous-Thil selbst gackern die Hühner auf der Straße; Traktoren stehen in offenen Scheunen; es riecht nach Holzfeuer – ein echtes Dorf eben. Und ein echtes Schloss mit Ehrenhof, Steinbrunnen, wuchtigen Ecktürmen, 10 ha Park, langer Zufahrt und prominenter Lage über dem Dorf, weswegen man das ›Château de Beauregard‹ nicht ver-

fehlen kann. Übersetzt bedeutet ›Beauregard‹ ›schöner Blick‹: den hat man vom Schloss selbstverständlich.

Die Besitzer Nicole und Bernard Bonoron haben das feudale Anwesen mit sehr viel Liebe zum Detail und noch mehr Geschmack restauriert. Erhalten blieb dabei in den luxuriösen Gästezimmern der Charme des aus dem 16.–17. Jh. stammenden Gemäuers. Doch wo nötig, wurde beherzt modernisiert. So etwa bei den Bädern. In der ›Chambre Rose‹ steht im Bad eine nostalgische Badewanne mit Füßen, und das Bidet ist im Stil entsprechend. Gleichwohl ist alles neu. Ein heller Kiefernplankenboden verleiht dem Zimmer seine warme Grundnote. Über dem Kopfende des Bettes behütet ein kleiner Himmel mit rosagemustertem Stoff den Gast. WC und ein Ankleideraum sind separat. Noch großzügiger fällt die ›Sui-

Der Blick schweift in die Ferne,
man selbst bleibt gern

te Bleue‹ aus: alles in allem umfasst die Raumfolge 100 m². Dazu gehören ein riesiges Bad und ein intimes Alkovenzimmer. Wie der Name sagt: Blau ist hier die tonangebende Farbe.

Im Frühstückssaal fällt sofort das Rautenmuster der alten Tonfliesen auf. Im Sommer kann man selbstverständlich draußen sitzen. Dazu gackern die Hühner. Diesmal sind es die aus dem schlosseigenen Hühnerstall.

Restaurants: La Côte d'Or in Saulieu (s. S. 98). **L'Armançon** in Chailly-sur-Armançon (s. S. 96).

Ausflugstipps: **Saint-Seine-l'Abbaye** (43 km östl.) nistet sich malerisch in ein tief ins burgundische Kalkplateau geschnittenes Tal ein. Landflucht hat Dorf und Gegend entvölkert. Die Abteikirche ist ein Meisterwerk burgundischer Gotik. Die spätgotischen Fresken erzählen die Legende des Klostergründers und Heiligen Seine. Glasklar sprudelt 10 km nordwestlich an der D 103 die **Quelle der Seine** in ein künstliches Grottenbecken mit allegorischer Figur (1865). Das nahe Dorf St-Germain-Source-Seine nennt die erste Brücke über die Seine sein eigen. Wer sich **Semur-en-Auxois** (25 km nördl.) nähert, hält den Atem an: Eine intakte mittelalterliche Silhouette spiegelt sich im Wasser des Armançon. Dazu gehören die gotische Collégiale Notre-Dame (13.–15. Jh.), der Pont Joly und die Promenade des Remparts (Lindenesplanade auf den mittelalterlichen Bollwerken) und die Porte Sauvigny (15. Jh.), ein doppeltes Stadttor mit Verankerung für eine Zugbrücke. **Châteauneuf-en-Auxois**, siehe **Hostellerie du Château** S. 22.

22

Chambres d'hôtes Domaine de Sainte-Anne

Karte: C4
89290 Venoy
Allée de Sainte-Anne
Tel. 03 86 94 10 16
Fax 03 86 94 10 12
E-Mail: info@domainesainteanne.com
www.domainesainteanne.com
Keine Kreditkarten
Mitte Jan.-Ende Feb. geschl.

Preise: DZ 59–67 €, Frühstück inklusive.

Anfahrt: A 6 bis Ausfahrt Auxerre-Sud. Richtung Chablis halten und die dritte Straße links Richtung Soleines-le-Haut nehmen. Von dort der Ausschilderung folgen.

Die Gästezimmer: Eine Allee mit sorgsam positionierten Terrakottakübeln führt schnurgerade aufs Herrenhaus zu. Innen fällt das Licht durch große Sprossenfenster aufs frisch gebohnerte Parkett. Nicole Genest, die das Lustschlösschen auf einem kleinen Hügel des Auxerrois vor ein paar Jahren erstanden hat, versteht es, Glanz ins Haus zu bringen. Im Winter poliert sie persönlich die antiken Möbel auf.

Die Gästezimmer gehen nach Süden, die Bäder jeweils nach Norden. Man schaut von allen dreien auf den Park und die Hügel des Auxerrois. Die ›Chambre Rose‹, die uns am besten gefallen hat, ist im Empire-Stil möbliert und selbstverständlich in Rosa gehalten. Etwas puppenstubig ist die ›Chambre jaune‹ mit weißen Metallbetten und hellgelben Deckchen. Grün gibt bei der ›Chambre verte‹ den Ton an. Das Mobiliar stammt, wie größtenteils in der ›Domaine Ste-Anne‹, aus dem 19. Jh. Insgesamt versprüht das Haus eher den Charme eines bürgerlichen Landsitzes als den eines Schlosses. Im Salon hängt ein großer vergoldeter Spiegel über dem Kamin, und bequeme Ledersessel laden zum Verweilen ein. *Très bourgois, très français* das Ganze.

Die beiden kleinen Frühstückszimmer überraschen mit mediterranen Farben: etwa das gelbe Buffet vor blauer Wand. Dazu gehört auch das bunte Geschirr. Im Sommer stellt Madame Genest Tische und Stühle nach draußen auf den Rasen. Dann haben auch Gäste, die nicht im Haus logieren, Zugang zum *salon de thé*, der mittlerweile ein Begriff in der Region ist. Ein Tipp für Burgundreisende, die länger bleiben wollen, ist die Ferienwohnung mit separatem im Anbau für bis zu vier Personen (je nach Saison ab 300 € pro Woche).

Restaurants: L'Hostellerie des Clos in Chablis (s. S. 108). **La Côte Saint-**

Tipp

Saint-Vincent tournante heißt das größte Weinfest im Chablis-Gebiet. Jedes Jahr organisiert ein anderes der 19 Dörfer im Appellation-Gebiet Prozessionen, Umzug der Winzerbruderschaft und Folkloredarbietungen (Anfang Feb.) Auf der **Fête des Vins** wird mit einem Bankett das Ende der Weinlese gefeiert (4. Wochenende im Dez.).

Achtung, Entengeschnatter!

Jacques in Joigny (s. S. 112). Weitere Restauranttipps beim **Hotel Le Parc des Maréchaux**, S. 43.

Ausflugstipps: Vier Appellationen machen den Ruf von **Chablis** (10 km östlich) aus, das am Serein, einem Nebenfluss der Yonne liegt: Petit Chablis, Chablis, Premier Cru und Grand Cru. Sehenswert sind im Winzerstädtchen die Collégiale St-Martin, eine frühgotische Prioratskirche (1170) mit neogotischem Dachreiter von Viollet-le-Duc (1857). Am Südportal hängen etliche Hufeisen als Ex-Votos an den Heiligen Martin (9–18 Uhr). Des weiteren die Porte Noel: Zwei Rundtürme (1775) flankieren den Zugang zur Stadt von Osten. Le Petit Pontigny in der Rue de Chichée, ein Weinkeller (12. Jh.) der Abtei Pontigny, ist heute ein Festsaal. Im Nebengebäude (ehemals Sommerresidenz der Äbte, 17. Jh.) residiert das Bureau Interprofessionnel des Vins de Bourgogne. Im Hof steht eine Weinpresse aus dem 12. Jh. **Maligny** ist ein hübsches Winzerdorf am Serein mit Markthalle (1527) und Schloss in Dauerrenovierung. Auch **Ligny-le-Châtel** gehört zum Weinberg von Chablis. Die Dorfkirche vereint Romanik und Renaissance. Schönstes Haus ist die Maison de la Reine de Sicile (13.–16. Jh.) mit dem Wappen von Marguerite de Bourgogne auf der Fassade. **Auxerre**, siehe **Hotel Le Parc des Maréchaux**, S. 43.

23
Chambres d'hôtes
Le Calounier

Karte: D4
89310 Môlay
Arton, 5, rue de la Fontaine
Tel. 03 86 82 67 81
E-Mail: Info@lecalounier.fr
www.lecalounier.fr
Kreditkarten: Visa, Masters, Euro
Ganzjährig geöffnet

Preise: DZ 51 €, HP 89 € für zwei Personen, Frühstück inklusive. Table d'hôte 19 €, Wein nicht inbegriffen.

Anfahrt: A 6 bis Ausfahrt Nitry. Weiter über die D 944 bis zur Kreuzung D 944/D 956. Rechts abbiegen Richtung Noyers-sur-Serein. Nach ca. 2 km links nach Arton/Môlay abbiegen. Die *Chambres d'hôtes* sind ausgeschildert.

Die Gästezimmer: Leise murmelnd fließt der Serein durch sein Tal. Am Ufer reihen sich hübsche Dörfer, allen voran Noyers-sur-Serein. Das Gehöft von Corinne und Pascal Collin liegt etwas vom Serein entfernt im Weiler Arton. Helle Natursteinmauern, weiße Fensterläden, samtrote Bauernrosen und eine geschickt in den Hof eingepasste Glaswand, die viel Licht ins Haus lässt. Macht zusammen ein bukolisches *Hideaway*.

Die Collin haben ihren Besitz aufwändig restauriert: Die Zimmer im Erdgeschoss sind für Rollstuhlfahrer zugänglich. Im Speisezimmer wurde der Naturstein freigelegt. Und die Bäder sind in allen vier Zimmern (davon zwei Suiten) modern, aber nicht kühl.

In der Suite ›Abeilles‹ (Bienen) fällt zunächst der wunderschöne, verspiegelte Kleiderschrank aus Omas Zeiten ins Auge. Passend dazu das Bett mit hohem Kopfende. Gemütlich ist der zur Suite gehörende Salon mit Kamin und Fauteuils. ›Potiron‹ (Kürbis) heißt die zweite Suite, die sich dank einer Mezzanine über zwei Etagen erstreckt. ›Hortensia‹ strahlt freundlich in Pastellgelb. ›Soleil‹ (Sonne) ist modern und licht. Ruhig ist es allemal in jedem Zimmer – der Weiler Arton ist einer, in dem sich Fuchs und Hase Gute Nacht sagen. Für Kinder ist der Garten mit Schaukel und viel Platz ideal. Die Eltern können es sich derweil hinter dem Haus auf den Gartenstühlen bequem machen.

Unbedingt probieren sollte man die *table d'hôte*: Corinne ist eine tüchtige Köchin, und die meisten Zutaten stammen aus dem eigenen Gemüsegarten oder werden beim Bauern um die Ecke besorgt. Ein besonders Lob dem *velouté aux tomates du jardin*! Auf Wunsch wird ein vegetarisches Menü zusammengestellt.

Apropos: Wer wissen möchte, wie Corinne Lachsterrinen oder *œufs en meurette* kocht oder die hohe Kunst der *foie gras*-Herstellung erlernen will, kann bei ihr im Herbst und im Frühjahr einen Kochkurs belegen.

Restaurants: Die *table d'hôte* im **Le Calounier** bietet ländliche Genüsse (siehe oben). **L'Hostellerie des Clos** in Chablis (s. S. 108), **Le Pot d'Etain** in L'Isle-sur-Serein (s. S. 110), **La Côte Saint-Jacques** in Joigny (s. S. 112). Weitere Restauranttipps beim **Hotel Le Parc des Maréchaux**, S.43.

Altes Gemäuer, neuer Pfiff

Ausflugstipps: **Noyers-sur-Serein** (7 km südl.) ist ein Bilderbuchdorf mit mittelalterlichen Türmen, Fachwerkhäusern und rumpeligen Gassen. **Tonnerre** (15 km nördl.) erhebt sich wie ein Amphitheater über dem Armançon. In den Gassen sind viele Gemäuer sanierungsbedürftig. Ein frischer Wind geht hingegen vom neu ausgebauten Freizeithafen am Canal de Bourgogne aus. Die bedeutendste Sehenswürdigkeit ist das Hôtel-Dieu, ein gotisches Hospiz (1293) mit Krankenhausmuseum: Mit 90 m Länge ist der Krankensaal einer der größten Frankreichs (Führung Juni–Sept.

Mo–Fr außer Di 10, 11 so Stunde 13.30–17.30 Uhr 13–18 Uhr.) Das grüne Quellbecken der Fosse Dionne wurde 1758 als Waschhaus mit Mauern gefasst. Ursprünglich war die Quelle der keltischen Quellgöttin Divona geweiht. Saint-Pierre, die gotische Pfarrkirche, thront über der Altstadt mit Blick über die Dächer. Das **Château de Tanlay** (9,5 km nordöstlich) ist ein Renaissanceschloss in Privatbesitz. Man kann es samt Wassergräben und prachtvollen Gartenanlagen besichtigen (April–Mitte Nov. tägl. außer Di 9.30–11.30, 14.15–17.15 Uhr).

24
Hôtel de Bourgogne

Karte: F9
71250 Cluny
Place de l'Abbaye
Tel. 03 85 59 00 58
Fax 03 85 59 03 73
E-Mail: hotel.bourgogne@wanadoo.fr
www.hotel-cluny.com
Kreditkarten: AmEx, Visa, Master,
Euro
März–30. Nov. geöffnet, Restaurant
Mi mittags, Di geschl.

Preise: DZ 72–87 €, Suite 145–154 €. Frühstück 9 €. HP 130–172 €. Menü im Restaurant 20–54 €.

Anfahrt: A 6 bis Ausfahrt Mâcon-Sud. Richtung Charolles, Paray-le-Monial. Weiter auf der N 79, bis nach 20 km die D 980 nach Cluny abzweigt. Ausschilderung Centre/Abbaye folgen: Das Hotel liegt auf dem Areal der ehemaligen Zisterzienserabtei.

Das Hotel: Noch bevor die desaströsen Abrissarbeiten der Benediktinerabtei von Cluny endgültig gestoppt wurden, eröffnete 1817 im Ruinen-feld ein Hotel. Genau so lange gilt die Faustregel: Wer in Cluny absteigen möchte, tut dies am besten im ›Hotel de Bourgogne‹. Man beginnt die Besichtigung der benediktinischen Trümmerlandschaft quasi mit der Zimmerübernahme. Näher dran an der Geschichte von Aufstieg und Fall der Abtei geht nimmer. Merke, man betritt ein Hotel mit, gelinde gesagt, viel, viel Tradition. Dies soll so bleiben, auch nachdem Monsieur Gosse, der langjährige Besitzer und gleichzeitige Präsident des Office de Tourisme, den Schlüssel aus Altersgründen aus der Hand gegeben hat.

Von außen wirkt der Bau wie immer: Der Hotelname prangt in großen Lettern an der zweistöckigen Fassade. Im messinggerahmten Schaukasten neben dem Eingang ist die Karte des Restaurants ausgestellt. Geranien blühen vor den Fenstern, die dunkelrote Markise über dem Eingang ist straff, wilder Wein kaschiert zum Teil den Naturstein. Vor dem Eingang weitet sich die Place de l'Abbaye mit Cafés und der monumentalen Fassade der ehemaligen klösterlichen Pferdeställe. Innen aber haben die neuen Besitzer Nathalie und Michel Colin kräftig renoviert. Die 13 Zimmer und drei Suiten sind nach wie vor mit Möbeln aus dem frühen 19. Jh. eingerichtet – Empire und Louis-Philippe also, doch die Wände erstrahlen nun in frischeren Farben. Vorhänge und Bettüberwürfe setzen mit zum Teil kräftigen Farben fröhliche Akzente, was sich gut zur gediegenen Aura von hochglanzpolierten antiken Schränken und Kommoden macht. Verehrer des Romantikers Lamartine (1790–1869) wählen natürlich das nach dem Dichter benannte Zimmer, in dem er gewöhnlich nächtigte. Einige Zimmer weisen zum stil-

Tipp

Au Péché Mignon (25, rue Lamartine, Tel. 03 85 59 11 21, Mitte Jan.–Mitte Feb. geschl.) heißt der beste *salon de thé* von Cluny (und weit darüber hinaus). An der Theke werden kalorienschwere Kreationen wie die *petits moines en pâte d'amande* oder die *perles bourguignonnes* verkauft.

Auferstanden aus den Ruinen von Cluny: das Hôtel de Bourgogne

len Innenhofgarten (eins betritt man sogar durch den Garten), die anderen locken mit dem Blick auf die Abtei. Still sind auch die Zimmer zum Platz, der abends früh verwaist – Cluny ist keine Stadt für Nachtschwärmer, sondern für Kulturreisende. Die sind im ›Hôtel de Bourgogne‹ an der richtigen Adresse: Zum Verweilen nach der Besichtigung von Abtei und Stadt laden der Innenhofgarten, die Bar und ein eleganter Salon ein.

Restaurants: Das hoteleigene Restaurant ist korrekt, aber besondere kulinarische Freuden sind nicht zu erwarten. Die **Auberge du Cheval Blanc** (1, rue Porte de Mâcon, Tel. 03 85 59 01 13) ist eine Bastion regionaler Genüsse – Tipp: das mit einem *marc de Bourgogne* abgeschmeckte *bœuf bourguignon*. **Le Relais du Mâconnais** in Berzé-la-Ville (s. S. 121).

Besichtigung: Die Gründung der **Benediktinerabtei** geht auf das Jahr 910 zurück. Das sogenannte Cluny I, kaum mehr als eine Kapelle, entstand 915 bis 917. 50 Jahre später folgte mit der Kirche St-Pierre-le-Vieux Cluny II. Der Orden wuchs, 1088 ließ Abt Hugo den Grundstein für Cluny III legen: Bis zum Bau des Petersdoms in Rom stand das größte Gotteshaus der Christenheit in Burgund. Die Französische Revolution erklärte die Abtei zum Nationaleigentum. Ein Bauunternehmer erwarb die Anlage und begann mit dem Abriss, um Baumaterial zu gewinnen. Überall im verschlafenen Städtchen weisen die Häuser den gelben Stein der Abtei auf. Erst 1823 beendete man den Raubbau. Das größte Architekturgebirge, das die Welt um 1200 kannte, ist selbst in seinen Trümmern eine beeindruckende Ruinenlandschaft. Der achteckige Weihwasserturm, der Uhrenturm des rechten Querschiffs und der gotische Mehlspeicher ragen aus dem Trümmerfeld (April–Juni 9.30–12, 14–18, Juli–Aug. 9–19, Sept. 9–18, Okt. 9.30–12, 14–17, Nov.–Mitte Feb. 10–12, 14–16, Mitte Feb.–März 10–12, 14–17 Uhr). Das benachbarte **Staatliche Gestüt** (Haras national, Stallbesichtigung 9–19 Uhr) wurde aus Abbruchsteinen der Abtei gebaut.

25
Château de la Fredière

Karte: D10
71110 Céron
La Fredière
Tel. 03 85 25 19 67
Fax 03 85 25 35 01
Kreditkarten: Visa, Euro, Master
Jan. geschl., Restaurant Mitte
Nov.–Mitte März geschl., Mi Ruhetag

Preise: DZ 44–95 €, Suite 114 €.
Frühstück 8,5 €. HP 93–163 €.

Anfahrt: A 6 bis Ausfahrt Mâcon-Sud.
Auf der N 79 über Paray-le-Monial
Richtung Digoin, Nevers bis zum Abzweig der D 982. Bis Marcigny fahren,
dort über die Loire Richtung Urbise,
Lapalisse (D 990) setzen. Im Weiler
Les Roussins zweigt ein Landsträßchen
nach Céron ab: Das Schloss liegt etwas
außerhalb auf einem Hügel.

Das Hotel: Die Faustregel gilt auch
in Burgund: Je weiter die Autobahn
entfernt ist, desto günstiger wird das
Zimmer. Das Dörfchen Céron scheint

Tipp

Der große Wochenmarkt in **Marcigny** (12 km östl.) wird seit 1226
montags veranstaltet. Am zweiten
Dezemberwochenende kommt ein
dreitägiger Puter- und Gänsemarkt
hinzu, der seinesgleichen sucht. Danach geht's in die Bar du Centre
(Place du Marché, Tel. 03 85 25 11
05), wo Patronne Renée souverän
schaltet und waltet. Schmackhaft:
entrecôte, onglet und *bœuf bourguignon.*

Lichtjahre von allen Autobahnen
Frankreichs entfernt zu liegen. Zwei
Flüsschen, die Sernay und die Urbi-
se, fließen hier zusammen. Und es
gibt ein Schloss, das seine schlanken
Ecktürmchen stolz zur Schau trägt.

Das Schloss ist eigentlich eine *folie*
des 19. Jh., so wie das Hotel eigentlich ein Privatschloss mit *chambres
d'hôtes* ist. Der Reihe nach. Mehr als
sechs Zimmer lässt das staatlich kon-
trollierte Statut für Gästezimmer
nicht zu. Das ›Château de la Fredie-
re‹ zählt indes elf Zimmer. Die Hausherrin Madame Charlier war somit
gezwungen, ihr Schloss zum Hotel zu
machen. Geändert hat sich dadurch
wenig:»Ich betreue meine Gäste genau so wie ich es gemacht habe, als
meine Zimmer noch *chambres d'hôtes*
hießen«, betont die zurückhaltende
und freundliche Gastgeberin. Soll
heißen familiär geht es hier zu. Alle
Zimmer sind liebevoll mit Erbstücken
möbliert, daher in Ausstattung (und
Größe) sehr verschieden. Originale
Möbel aus dem 19. Jh., der Entste-
hungszeit des Schlosses, erfreuen das
Auge. Man fühlt sich prompt wohl.
Besonders gefallen haben uns die
Zimmer ›Etang‹ mit *grand lit* und Du-
sche und ›Oiseaux‹ wegen seiner
großzügigen Bemessung: Bei Letzte-
rem wurde das Bad im runden Eckturm installiert.

Das Frühstück wird im Grand Salon der Familie Charlier serviert, wo
vom gewienerten Parkett bis zum
Kronleuchter alles passt. Bei schönen
Wetter sitzt man freilich auf der weiten Terrasse an der Schlossrückseite.
Der Wind rauscht durch den Kranz
von Kastanien, die das blassgelbe
Château umgeben. Vom dichten
Grün versteckt glitzert etwas tiefer
der Pool. Auch vom 18-Loch-Par-

Alle Zimmer im Château sind liebevoll möbliert

cours des Golfplatzes, dessen makellos gestutzter Rasen sich ringsherum ausweitet, sieht man vorerst nichts. Von snobistischer Golfclub-Atmosphäre keine Spur. Der Golfclub liegt zwar nur ein paar Schritt entfernt, aber eben doch in einer anderen Welt.

Restaurants: Das Golfplatz-Restaurant (Mitte März–Mitte Nov.) hat eine angenehme Terrasse zum Pool – Regionalküche mit Einflüssen aus dem nahen Loire-Tal. In Iguerande (14 km südöstl., Tel. 03 85 84 06 85) macht **A la belle Marinière** mit Pute nach Großmutters Art, Froschschenkeln und Fritüre von Loire-Fischchen von sich reden. **Le Valclair** in La Clayette (s. S. 116), **Ferme Auberge des Collines** in Amanzé (s. S. 123), **La Fontaine** in Châteauneuf (s. S. 124).

Ausflugstipps: In **St-Christophe-en-Brionnais** (20 km östl.) wird seit 1488 Markt gehalten. Mit der Züchtung des Charolais-Rinds begann im 18. Jh. der Aufstieg zum landesweit bekannten Umschlagplatz für Vieh. Auftrieb am Do ab 4, Handel 6.30–8, Abtransport ab 8.30 Uhr. Führungen auf Anfrage im Rathaus Tel. 03 85 25 82 16. Juli/Aug. feste Führungen, 7.30 Uhr vor dem Rathaus. Das Centre d'Etudes du Patrimoine zeigt in einer ehemaligen Schule Wechselausstellungen über die Region (Faltblatt zu den ausgeschilderten romanischen Kirchen im Brionnais, Tel. 03 85 25 90 29). **Semur-en-Brionnais** (13 km südöstl.) liegt enggestaucht auf einem Hügel, und gilt dank der ältesten Burg Burgunds (Château Hugues, 10.–11. Jh., März–11. Nov. 10–12, 14–18 Uhr, Frühjahr u. Herbst So nachmittags), romanischer Kirche (achteckiger Turm) sowie nobler Herrenhäuser als das schönste Dorf im Brionnais. Die Prioratskirche in **Anzy-le-Duc** gilt als einer der wegweisenden Bauten der südburgundischen Romanik (11./12. Jh.). Besonders sehenswert: Tympanon, Chorfresko, Kapitelle (tägl. 9–19 Uhr).

26

Chambres d'hôtes
Le Domaine Dauphin

Karte: E9
71520 St-Point
Tel. 03 85 50 57 87
Fax 03 85 50 59 57
Keine Kreditkarten
Ganzjährig geöffnet

Preise: DZ 57 €, Frühstück inklusive.

Anfahrt: A 6 bis Ausfahrt Mâcon-Sud. Richtung Charolles, Paray-le-Monial halten. Weiter auf der N 79 bis zum Abzweig der D 22 Richtung Bourgvilain, St-Point. Das Anwesen liegt am Ende des Dorfs auf der rechten Seite (Schild).

Die Gästezimmer: Es ist ein langer Weg von Paris bis ins *Pays de Lamartine*. ›Das Land Lamartines‹ heißt dieser Winkel im Süden von Burgund, weil der Romantiker hier geboren ist und hier gelebt hat, und wichtiger noch, etliche seiner Werke zu Papier gebracht hat. Offiziell sind wir im Mâconnais, aber natürlich klingt *Pays de Lamartine* viel besser. Die Höfe sind wuchtig, oft sieht man eine offene Veranda mit Holzbalken an der honiggelben Fassade sowie einen Taubenturm auf der Ecke.

Monsieur und Madame Schalburg haben Paris den Rücken gekehrt, um genau so einen typisch südburgundischen Herrensitz zu erwerben. Fündig geworden sind sie in St-Point, dem Dorf, das schon Lamartine ans Herz gewachsen war. Dessen Schloss befindet sich nur ein paar hundert Meter vom liebevoll restaurierten ›Domaine Dauphin‹ entfernt. Der Name des knapp 400 Jahre alten Anwesens geht auf Antoine Dauphin zurück, der ein einflussreicher Schöffe im nahen Mâcon war. Natürlich überragt ein gewaltiger, mit buntlasierten Ziegeln gedeckter Eckturm den Innenhof. Herrlich, wie das weite Grundstück zu einem Bachgrund abfällt. Ein bisschen weiter lockt der See von St-Point zum Baden.

Lamartine oblige: Alle vier Gästezimmer, die die Schalburg unter dem gewaltigen Dach eingerichtet haben, orientieren sich an Werk und Leben des Dichters. Auf dessen Schloss schaut man aus der ›Chambre Moyen Orient‹ – Lamartine reiste zeitlebens immer wieder in die Türkei, den Libanon und nach Syrien. Orientalisch ist daher die Einrichtung: ein Baldachinbett wie aus einem Beduinenzelt, Farben und Badkacheln in nordafrikanischen Tönen. Die ›Chambre La Romantique‹ darf natürlich unter den Referenzen an den Dichter der Romantik nicht fehlen. Ebenso wie eine ›Chambre Le Lac‹ angesichts des bereits erwähnten Badesees – ein berühmtes Gedicht besingt zudem einen See. Die ›Chambre Les Harmonies‹ ist genau genommen eine Suite mit zwei Schlafräumen. In einem steht ein Doppelbett, im anderen stehen zwei Einzelbetten – ideal für Familien also. Luxus wird in jedem Zimmer groß geschrieben, besonders bei den geräumigen Bädern, deren exquisite Kacheln so verschieden wie die wechselnden Themen der Zimmer sind.

Der ›Domaine Dauphin‹ ist ein Ort für bukolische Freuden auf hohem Niveau. Verständigungsprobleme sind nicht zu befürchten. Monsieur Schalburg, der aus beruflichen Gründen oft durch Deutschland gereist ist, be-

Nie ohne Turm sind die Herrenhäuser des Mâconnais

herrscht ein entsprechend gutes Deutsch.

Restaurants: Lacrochette Aubergiste in Bourgvilain (s. S. 118), **Au Pouilly-Fuissé** in Fuissé (s. S. 120), **Le Relais du Mâconnais** in Berzé-la-Ville (s. S. 121).

Besichtigung: In **St-Point** hat sich Lamartine ein Schloss nach seinem Geschmack umbauen lassen (März–Mitte Nov. Di, Do, Fr, Sa 10–12, 14–18, So 14–18 Uhr). Das Grab des Dichters und Romantikes befindet sich im ebenfalls Dorf.

Ausflugstipps: Vom 758 m hohen **Signal de la Mére Boitier** (7 km südl.) überblickt man das gesamte Mâconnais – zu Füßen erstreckt sich ein mit zahlreichen Wegen ausgestattetes Wandergebiet. Die **Roche de Solutré** (20 km östl. bei Pouilly) ist ein für die Weinberge des Pouilly-Fuissé typischer Kalkhöcker (493 m), von dem paläolithische Jäger ihre Beute auf den Abgrund zutrieben. Genaueres erfährt man im **Musée de la Préhistoire** (Feb.–April, Okt.-Nov. tägl. außer Di 10–12, 14–17 Uhr, Mai 10–12, 14–18, Juni–Sept. 10–19 Uhr). Von der Wiesenkuppe der **Butte de Suin** (593 m) schaut man im Rundblick auf über 50 Kirchentürme – der der Dorfkirche von Suin liegt zum Greifen nah (20 km nordwestl.). Das **Arboretum de Pézanin** erstreckt sich um einen Waldsee: drei ausgeschilderte Wege, 400 Baumarten (15 km westl.).

27

Chambres d'hôtes
Château des Poccards

Karte: F9
71870 Hurigny
120, route des Poccards
Tel. 03 85 32 08 27
Fax 03 85 32 08 19
E-Mail: chateau.des.poccards@
wanadoo.fr
www.chateau-des-poccards.com
Keine Kreditkarten
März–30. Nov. geöffnet

Preise: DZ 76–108 €, Frühstück inklusive.

Anfahrt: A 6 bis Ausfahrt Mâcon-Nord, Richtung Sennecé-lès-Mâcon halten. Am Stoppschild rechts Richtung Clessé fahren. Nach Ortsausgang Sennecé-lès-Mâcon 500 m links in Richtung Laizé abbiegen. Am Ende der Waldstraße am Stoppschild links abbiegen. Nach 2 km in Hurigny rechts in die Rue de la Brasse abbiegen: Das Schloss liegt zur Linken.

Die Gästezimmer: Die Toscana taucht unversehens zwischen 200-jährigen Libanonzedern auf. Man mag sich die Augen reiben, ein zweites Mal um so genauer hinschauen – um sich erneut die Frage zu stellen, ob man sich in der Urlaubsregion geirrt hat. Keine Bange, man liegt mit dem ›Château des Poccards‹ vollends richtig, nicht nur in geografischer Hinsicht. Im Mâconnais führte eine wahre Italienmode zu Beginn des 19. Jh. zum Bau solcher Schlösser: nüchtern elegant, nicht protzig, sondern hoheitsvoll, eben *très italien*. Die Wände des klassizistischen ›Château des Poccards‹ leuchten pastellgelb. Der ranke

Einen Fernseher gibt es in keinem Zimmer des Château des Poccards

16-Meter-Pool ist dunkelgrün gekachelt – das Wasser strömt dabei aus Löwenmäulern. Kurzum, das Schloss könnte ebenso gut in der Toscana stehen. Sogar der Himmel spielt mit: Hier im Süden Burgunds nimmt er bereits das leichte Azurblau an, das weiter unten im Midi die Tage versüßt.

Catherine und Ivan Fizaine haben das splendide Schloss erst kürzlich erworben. Wacker wurde alles saniert und zum Plaisir aller Reisenden fünf Gästezimmer in der Weite der Flurfluchten eingerichtet. Im lichten Vestibül befindet sich eine Art Rezeption mit Art-déco-Möbeln. Ebenfalls im Erdgeschoss befindet sich der mit Vertäfelungen, dem wunderschönen Parkett aus mehrfarbigen Hölzern und Flügel eingerichtete Louis XV-Salon. Durch bodentiefe Flügeltüren gelangt man auf die dazugehörige Terrasse, wo Teakholzmöbel zum Niederlassen auffordern. Die kirschrot gestrichene Küche steht für jeden offen: Ein langer Holztisch passt zu den Küchengeräten im Edelstahl-Hightech-Look – hier wurde an nichts gespart.

Was auch für die Zimmer gilt. Sie liegen alle auf der zweiten Etage. Diesmal schaut man den Baumriesen im Park in die Krone. *Tommettes* (Bodenfliesen aus Terrakotta) betonen das nonchalante, südliche Flair des Schlosses. Ansonsten ist jedes Zimmer anders. ›La Coloniale‹ etwa zeichnet ein Hauch ›Out of Africa‹ inklusive Deckenventilator aus – wobei man ausgerechnet hier in den sehr burgundischen Weinberg schaut. Im größten Zimmer ›La Jaune‹ taucht die durch viele Fenster einbrechende Sonne alle Wände in warme Gelbtöne. ›La Baroque‹ hat ein schmiedeeisernes Himmelbett. Die beiden kleineren, ›Napoleon III‹ und ›Louis XV‹, sind in der entsprechenden Stilrichtung möbliert. Immer ist das Interieur handverlesen, immer kostbar. Immer auf dem neuesten Stand sind die Bäder. Etwas vergessen? Halt, ja: Den Fernseher gibt es nur auf Anfrage. Aber wer braucht die Mattscheibe schon bei all dem Glanz, den dieses Domizil ausstrahlt?

Restaurants: **Pierre** in Mâcon (s. S. 114), **Le St-Laurent** in Saint-Laurent-sur-Saône (s. S. 115), **Au Pouilly-Fuissé** in Fuissé (s. S. 120), **Le Relais du Mâconnais** in Berzé-la-Ville (s. S. 121).

Besichtigungen: **Mâcon** (3 km südl.), ist die Hauptstadt des Départements Saône-et-Loire. Die 38500-Einwohner-Stadt liegt in der Südgrenze Burgunds. Pompöse Verwaltungsbauten der Belle Époque und nüchterne Händlerdomizile des frühen 19. Jh. prägen das Stadtbild, dem das südländische Flair alle Strenge nimmt. Von **Vieux St-Vincent** blieb nur eine Ruine: Zur Zeit der Revolution wurde die Kathedrale niedergerissen. Zur Besichtigung gehört ein Lapidarium mit Fundstücken seit der Antike (tägl. 10–18 Uhr). Das **Hôtel-Dieu** ist mit seiner frühklassizistischen Kuppel weithin sichtbar: Sehenswert ist die Apotheke von 1775 (Führungen im Sommer Do 15.30, Fr, Sa 14.30, 17.30 Uhr). Die größte Attraktion aber ist das **Musée Lamartine** in einem Barockpalais. Mobiliar und literarische Zeugnisse aus der Zeit des Romantikers erlauben Einblicke in den Alltag des Dichters (tägl. außer Di 10–12, 14–18 Uhr, So morgens geschl.).

28
Château d'Igé

Karte: F9
71960 Igé
Tel. 03 85 33 33 99
Fax 03 85 33 41 41
E-Mail: ige@relaischateaux.fr
www.chateaudige.com
Kreditkarten: AmEx, Diner, Euro, Visa, Master
März–Ende Nov. geöffnet, Restaurant Di außer an Feiertagen Ruhetag

Preise: DZ 70–131 €, Suite 161–218 €. Frühstück 13 €, Garage 8,5 €. HP für zwei Personen: 102 € Aufpreis zum Zimmer.

Anfahrt: A 6 bis Ausfahrt Mâcon-Sud. Richtung Paray-le-Monial, Moulins halten (N 79), Ausfahrt La Roche Vineuse, Verzé nehmen. Von La Roche Vineuse über die D 85 bis Igé. Das Schloss liegt im Dorf (ausgeschildert).

Das Hotel: Ein Haus wie das ›Château d'Igé‹ ist ein seltener Glücksfall, selbst in einer Region wie Burgund, wo der Zauber der *vieille France* noch unverblasst strahlt. Bereits in der zweiten Generation betreibt die Familie Germond, allen voran die reizende Seniorchefin, das Schlosshotel mit einem *savoir-faire*, dessen Stil sich auf das vorrevolutionäre Frankreich berufen darf. Altmodisch? Manche mögen es so empfinden, aber wenn man wie in diesem Fall darunter Höflichkeit, perfekten Service und die hohe Kunst der Gästebetreuung versteht, mag man es gern ein wenig gestrig.

700 Jahre alt ist das ›Château d'Igé‹. Der von wuchtigen Rundtürmen flankierte Feudalbau, dem man die Ursprünge als wehrhafte Burg ansieht, war Sitz der Grafen von Morangiers. Die Grafen übten in Igé die Gerichtsbarkeit aus – noch heute duckt sich das hübsche Dorf um sein *Château*. Das in der Revolution ruinierte Adelsgeschlecht musste 1789 verkaufen, was der Burg nicht bekam. Den durch wechselnde Besitzer forcierten Verfall hielt erst die Familie Germond auf – seit man sich des zauberhaften Gemäuers annahm, ist das Schloss ein Hotel. Freilich nicht irgendeins. Ein Schlosshotel sollte es sein, eins, das seinen Namen verdient. Nichts anders hätte zum steinernen Renaissancetreppenturm, den mannshohen Kaminen und schweren Balkendecken à la Louis XIII gepasst. Entsprechend nobel fallen die Zimmer aus. Die ›Chambre Lamartine‹ entstand in einem Rundturm. Der besondere Clou ist neben den mit wertvollen Stoffen bespannten Wänden der kleine Salon. Die ›Chambre La Tour du Midi‹ ist so kreisrund wie der Deckenstuck. In einem anderen Zimmer bettet man sein Haupt unter gotischem Gewölbe. Tiefblau, Rosé, dunkelrot oder gebrochen Weiß sind die Wände. Kostbare antike Möbel – vom Baldachinbett bis zum Diwan –

Tipp

Die aus dem 11. Jh. stammende **Chapelle de Domanges** (im Dorf) ist heute Winzermuseum mit Probierkeller. In der nahen **Cave des Vignerons d'Igé** (Mo–Sa, So Ausschank in der Chapelle de Domanges) kann man die weißen Mâcon-Igé kosten und kaufen.

Schlichtweg zauberhaft ist das Château d'Igé

sind in jedem Zimmer ebenso selbstverständlich wie luxuriöse Bäder.

Abgesehen von den Zimmern bieten Wintergarten, Schlossteich, ein verwunschener Garten und die Terrasse reichlich Rückzugsmöglichkeiten. Nobel ging das Ancien Régime zugrunde. In Häusern wie dem ›Château d'Igé‹ aber feiert sein Geist fröhliche Urständ.

Restaurants: Im noblen Restaurant des Schlosshotels gibt mit Laurent Couturier ein *chef de cuisine* den Ton an, dessen Lehrmeister sich im ›Who is Who‹ der Hochküche finden (Lameloise, Rostang, Savoy). Große Küche also für eine verwöhnte Klientel – *pressé de homard, foie gras* aus der Pfanne mit einer Konfitüre grüner Tomaten, Schnecken mit *pain d'épices*. **Pierre** in Mâcon (s. S. 114), **Le St-Laurent** in Saint-Laurent-sur-Saône (s. S. 115), **Au Pouilly-Fuissé** in Fuissé (s. S.120), **Le Relais du Mâconnais** in Berzé-la-Ville (s. S. 121).

Ausflugstipps: Im Bergdorf **Berzé-la-Ville** (10 km südl.) lohnen die Fresken der Chapelle aux Moines den Umweg (Mai–Sept. 9–12, 14–18, April, Okt. 10–12, 14–17.30 Uhr). Das benachbarte **Berzé-le-Châtel** ist eine gewaltige Burganlage (10.–15. Jh.) mit 13 Türmen (Juli–Aug. 10–18 Uhr). Von der Terrasse hat man einen überwältigenden Ausblick auf das hügelige Pays de Lamartine. Berzé-le-Chatel liegt wie die Burg von **Pierreclos** (12.–18. Jh., Küchen, Gewölbekeller, romanische Kirche, 9–18 Uhr) an der Route Lamartine, einer Ferienstraße, die den Spuren des Dichters folgt.

67

29

Hôtel La Reconce

Karte: D9
71600 Poisson
Le Bourg
Tel. 03 85 81 10 72
Fax 03 85 81 64 34
E-Mail: la.reconce@wanadoo
Kreditkarten: Visa, Master, Euro
Feb. sowie zwei Wochen im Okt. geschl.
Restaurant Mo, Di Ruhetag außer
Juli/Aug.

Preise: DZ 57–70 €, Suite 110 €.
Frühstück 9,5 €. Menü 20–74 €.

Anfahrt: A 6 bis Ausfahrt Mâcon-Sud.
Auf der N 79 Richtung Charolles, Paray-le-Monial halten. Weiter auf der
D 34 nach Poisson: Das Hotel liegt
am Dorfplatz gegenüber der Kirche.

Das Hotel: Die Zimmer tragen Blu-
mennamen – Hibiskus etwa. Abge-
schliffene, klarlackierte Dielenböden
und die in Pastelltönen gehaltenen
Wände lassen jedes einzelne Zimmer
aufgeräumt und freundlich wirken.
Man fühlt sich auf Anhieb wohl. Die
Möblierung ist angenehm zurückhal-
tend: ein kleiner Schreibtisch, dazu
zwei Stühle, beides aus klarem Holz,
Wandleuchten in Schalenform, die
die Decke ausleuchten. In den auf
kleinem Raum praktisch eingerichte-
ten Bädern kamen als dekoratives Ele-
ment die handgefertigten Kacheln aus
der dörflichen Töpferei zum Einsatz
– Blau ist deren Erkennungsfarbe.

Nach hinten schweift der Blick
durchs Sprossenfenster über die sanften Wiesenhügel des Brionnais, nach
vorn über den Platz mit der Kirche.
Das ›Hôtel La Reconce‹ ist fest im

Dorfleben verankert. Die Besitzer,
Denise und Jean-Noel Dauvergne,
betreiben seit einer kleinen Ewigkeit
das benachbarte ›Restaurant de la
Poste‹. Als die Küche von Monsieur
Dauvergne immer mehr Kunden aus
immer größerer Ferne anzog, wurde
die Suche nach einer geeigneten Unterkunft dringlicher. Durch eine
glückliche Fügung konnten die Dauvergne das Nachbargebäude kaufen.
Beide Häuser sind miteinander ver-
bunden – so kann man trockenen Fu-
ßes vom Zimmer zu Tisch schreiten.

Zurück zum Hotel. Propper sieht
das zweigeschossige Haus mit den
dunkelgrünen Fensterläden und dem
altmodischen Schnörkelgitter am
Vorgarten aus. Zur Rückseite wurde
die Mauer im Erdgeschoss geöffnet.
Durch die breite Glasfront fällt das
Licht vom Garten in den Frühstücksraum. In einer Vitrine sind Stücke aus
der Glasbläserwerkstatt im Nachbardorf ausgestellt. Auf dem Tisch findet
sich Töpferware aus der *poterie* von
Poisson. Man kennt sich, man hilft
sich: ›La Reconce‹ ist ein Dorfhotel
im besten Sinne des Wortes. Still ist
es zudem, so still, dass das Haus bei
den auf absolute Ruhiglage abonnier-
ten *Relais de Silence* als Mitglied ge-
führt wird.

Restaurants: Kein Weg darf am hoteleigenen Tisch vorbeiführen: Natürlich steht Charolais auf der Karte.
Fischliebhaber kommen mit dem
Tunfischtartar in einer Tunke aus
süßen Paprika oder einem Seelachs in
Currysauce auf ihre Kosten. **Le Valclair** in La Clayette (s. S. 116), **Restaurant de la Poste** in Charolles (s.
S. 117), **Ferme Auberge des Collines** in Amanzé (s. S. 123), **La Fontaine** in Châteauneuf (s. S. 124).

Tipp

Hinter der **Poterie de Poisson** steht ein Name: Die Britin Chloe Walters töpfert Geschirr und Dekorationsobjekte jenseits von Kitsch und falscher Nostalgie (Les Mocquets, Tel. 03 85 81 36 22).

Ausflugstipps: **Paray-le-Monial** (8 km nördl.) ist Wallfahrtsort, seit der Hl. Marguerite-Marie hier vor 300 Jahren Christus erschienen ist. Ein Diorama im Parc des Chapelains zeigt Szenen aus der Lokalgeschichte und dem Leben der Heiligen. Die romanische **Basilika Sacré-Coeur** (tägl 9–19 Uhr) wurde im 11.–12. Jh. nach dem Vorbild von Cluny III mit Narthex, Chorumgang und drei Schiffen errichtet. Das Fresko im Chor stammt aus dem 14. Jh. Das angrenzende Kloster entstand im 18. Jh. neu. Die **Maison Jayet** (Rathaus) gilt als einer der schönsten Profanbauten der burgundischen Renaissance (1525) mit reich gestalteter Steinfassade. Gegenüber steht die **Tour St-Nicolas**, letzter Rest der ehemaligen Pfarrkirche (16. Jh.). Die Keramikindustrie war früher Paray-le-Monials wichtigste Einnahmequelle. Im **Musée des Faiences** (im Kloster) zeigt eine Ausstellung Fayencen aus lokaler Produktion (Mai–Okt. 10–12, 14–18, Juli–Aug. 15–19 Uhr). Das **Musée Paul Charnoz** ist ein Firmenmuseum in einer ehemaligen Fabrik für Keramikfliesen: Prunkstück ist ein für die Weltausstellung 1900 angefertigtes Großmosaik (Mitte Juni–Mitte Sept. Sa, So 14.30–18 Uhr).

Eine Tour längs dem **Canal du Centre** führt zum **Château de Digoine** (22 km nördl.), ein elegantes Barockschloss mit Zufahrtsallee und schmiedeeisernem Gitter. **Génelard** ist ein typisches Kanaldorf mit Schleuse, Werft und Art-déco-Fassade einer Fabrik für Grubenmaterial.

So muss es sein: das Dorfhotel am Dorfplatz

30

Chambres d'hôtes
Château Les Lambeys

Karte: C8
71140 Saint-Aubin-sur-Loire
Tel. 03 85 53 92 76
Keine Kreditkarten
April–Ende Dez. geöffnet. Table d'hôte auf Reservierung.

Preise: DZ 54–69 €, Frühstück inklusive. Table d'hôte 23 € inklusive Wein.

Anfahrt: A 6 bis Ausfahrt Mâcon-Sud. Auf der N 79 Richtung Paray-le-Monial, von dort längs der Loire Richtung Digoin, Nevers bis Saint-Aubin-sur-Loire fahren (D 979). Auf Höhe des Ortsschilds links in die C 1 Richtung Bord de Loire, Les Lambeys abbiegen: Das Schloss taucht nach wenigen hundert Metern rechts auf.

Die Gästezimmer: ›Bord de Loire‹ (Loire-Ufer) steht auf dem Hinweisschild zum ›Château Les Lambeys‹. Damit wäre die Lage des Anwesens trefflich beschrieben. Hinter dem spätbarocken Schloss strömt die Loire, unbändig und still zugleich. Zwischen Ufer und Rückfront liegt freilich ein weitläufiger Park mit französisch akkuratem Rasenparterre und herrlichem Baumbestand. Zur Vorderseite schirmt ein weißes Tor das Schloss zum Sträßchen ab. Hell leuchtet die beige Steinfassade über die Umfriedung. Ein dreieckiger Giebelfronton verleiht dem Bau eine noble Note, die so typisch für die französische Schlossarchitektur des 18. Jh. ist. Ob vorn oder hinten, tiefe Sprossenfenster, deren Holzläden weit aufgeklappt sind, lassen auf den beiden Etagen unendlich viel Licht in die Zimmerfluchten strömen.

Etienne de Buisierre trägt ein Adelsprädikat, entpuppt sich jedoch als ein Schlossbesitzer, dem steife Etikette fremd ist. Monsieur ist ein begeisterter Sammler alter Fotografien. Die gelbstichigen Aufnahmen von Hochzeitsgesellschaften, Schulklassen und Dorfbällen zieren die Wände etlicher Räume – apropos: Speisesaal und Billardzimmer stehen den Gästen selbstverständlich zur Verfügung. Die fünf Gästezimmer (davon eine Suite für drei Personen) unterscheiden sich in Mobiliar und Größe voneinander, haben dabei zwei Gemeinsamkeiten. Jedes Zimmer entspricht in seiner Gestaltung dem Zauber des Schlosses – man mietet sich zwischen Familienerbstücken inklusive Blick ins Grüne ein. Und jedes Zimmer verfügt über ein modernes Bad und die eigene Toilette.

Tipp

Ferme Auberge du Champbon (Le Champbon, 71140 Saint-Aubin-sur-Loire, Tel. und Fax 03 85 53 91 74, April–Allerheiligen Fr abends–So abends, 10–20 €). Thierry Bouchet züchtet auf seinem Hof 3 km außerhalb von Bourbon-Lancy Enten, Hühner und Schweine – die eines schönen Tages auf dem Tisch seiner Ferme Auberge landen. Wem's gemundet hat, kann nach dem Mahl *foie gras*, Entenbrust und *confit de canard* einkaufen. Für Kinder steht ein Spielplatz bereit, für große Kinder ein Boulefeld.

Wer will, kann am Ufer der Loire angeln gehen. Der Hausherr erklärt gern, wo es möglich ist. Aber auch beim Faulenzen im Park lernt man: Das Leben ist ein langer, ruhiger Fluss.

Restaurants: Die **Auberge de l'Olive** in Dompierre-sur-Besbre (Avenue de la Gare, Tel. 04 70 34 51 87) liegt auf der andere Seite der Loire und damit in der Nachbarregion Auvergne. Aber einerlei, solange es im rustikalen Lokal mundet. **Le Manoir de Sornat** in Bourbon-Lancy (s. S. 126), **Hôtel La Reconce** in Poisson (s. S. 68).

Ausflugstipps: In **Bourbon-Lancy** (9,5 km nördl.) dient der pulverfeine Loire-Sand therapeutischen Zwecken. Bei Rheumakuren wird der Sand vom heißen Quellwasser erhitzt auf den Körper gepackt. Das **Quartier des Thermes** empfängt die Gäste mit Belle-Époque-Charme. Seit der Römerzeit werden die 46°–60° heißen Quellen als Heilung für Körper und Seele genutzt. Das **Quartier de l'Horloge** hingegen, die Altstadt auf dem Hügel, ist ein mittelalterliches Ensemble mit Stadttor und auskragendem Fachwerk. Von Digoin (19 km südöstl.) bis St-Aubin schmiegt sich die **Route Départementale 979** ans Loire-Ufer: Man schaut auf den ungebändigten Strom mit Sandbänken, Auwäldern und Kormoranen. **Paray-le-Monial** (s. S. 69).

Jedes Zimmer ist mit Antiquitäten möbliert

31

Hostellerie du Château de Bellecroix

Karte: F7
71150 Chagny
Tel. 03 85 87 13 86
Fax 03 85 91 28 62
E-Mail: chateau.de.bellecroix@
wanadoo.fr
www.chateau-bellecroix.com
Kreditkarten: AmEx, Diners, Visa,
Master, Euro
Mitte Feb.–kurz vor Weihnachten
geöffnet, Restaurant Mi ganz, Do mit-
tags außer Juni–Sept. Ruhetag.

Preise: DZ 89–153 €, Suite 229 €.
Frühstück 12,5 €. Menü 41,5–55 €.

Anfahrt: A 6 bis Chalon-sur-Saône-
Nord. Richtung Chagny halten (N 6).
Kurz vor Chagny zweigt rechts die
Zufahrtsstraße nach Bellecroix ab.

Das Hotel: Zugegeben, das ›Château
de Bellecroix‹ ist etwas in die Jahre ge-
kommen. Manchen der kleinen Zimmern im Hauptbau (›Le Château‹) tä-
te eine behutsame Verjüngungskur
gut. Der Teppichboden im Treppenhaus sieht mit Verlaub ramponiert
aus. Das Label der auf absolute Stille
bedachten Hotelvereinigung *Relais de
Silence* mag sehr hellhörige Gäste
wundern. Denn zumindest in der
kühlen Jahreszeit, wenn die Eichen
und Kastanien am Hotel nicht ihre
schalldämpfenden Blätterkronen tragen, vernimmt man das sachte Rau-
schen der Nationalstraße 6.
  Aber wenn man ein Zimmer im
mittelalterlichen hinteren Bau (›La
Commanderie‹) bezieht, wird flugs

Tipp

Die drei *Chambres d'hôtes* auf der
›**Fantasia**‹ (7 km westl. in Remig-
ny, Chemin du 6 Septembre 1944,
Tel. 06 11 54 39 56) haben Bullau-
gen: Origineller als in den mit eigenem Bad und WC ausgestatteten
Kabinen des Flusskahns kann man
kaum wohnen. Das Sonnendeck
mit Außenküche und Segeltuch-
dach lädt im Sommer zum Faulenzen ein. Any und Henri Gaudin an-
kern mit ihrem umgebauten Kahn
auf dem stillen Canal du Centre.

klar: Man hat es mit dem ›Château de
Bellecroix‹ genau richtig gemacht. Das
Baldachinbett in Nr. 4 passt wunderbar zur steinernen Sitzbank unter dem
gotischen Fensterkreuz. Die Antiquitäten sind mit Bedacht gewählt –
etwa die mit rotem Samt bezogenen
Louis XIII-Fauteuils und der vom Ei-
chenbalken baumelnde Kristallüster.
Durchs Fenster schaut man auf Garten und Pool. Majestätisch stehen die
Baumriesen ums Schloss Spalier. Nur
die schiefergedeckten Spitzdächer auf
den Ecktürmen überragen das Grün.
Man möchte bleiben und sonst nichts.
  Das wollten schon die Malteserrit-
ter, die im 12. Jh. die ersten Herren
auf Bellecroix waren. Aus ihrer Zeit
stammt der hintere Bau (›La Commanderie‹). Das heutige, von Efeu berankte Haupthaus (›Le Château‹) ist
hingegen ein mittelaltertümelndes
Schlösschen aus dem 19. Jh. mit den
deutlich weniger attraktiven Zimmern, dafür jedoch mit vertäfeltem
Speisesaal. Auch der kleine Salon im
Erdgeschoss eines Eckturms gefällt.
Fazit, in diesem Hotel muss man bei

der Zimmerwahl etwas aufpassen. Und lieber ein paar Euro mehr für ein Bett in der ›Commanderie‹ ausgeben.

Restaurants: Das hoteleigene Restaurant pflegt eine gehobene Küche für die verwöhnte Schlosshotelklientel – aber die mit überraschenden Kreationen zu beglücken, wagt man nicht. Grandios ist dagegen, was **Jacques Lameloise** in Chagny (36, place d'Armes, Tel. 03 85 87 65 65) auf den Teller bringt. Als *chef de cuisine* schwebt Lameloise mit drei Michelin-Sternen und 19 Gault-Millau-Punkten im kulinarischen Olymp – unbedingt rechtzeitig reservieren! **Les Tontons** in Beaune (s. S. 95).

Ausflugstipps: Gemächlich wirkt die engmaschige Altstadt von **Chalon-sur-Saône**: Die Gassen richten sich auf die Saône aus. Jahrhundertelang garantierte der Fluss die Anbindung an die ostfranzösische Wirtschaftszentren. Heute dienen die Kais als stimmungsvolle Kulisse. Wahrzeichen der Flussinsel **Ile-St-Laurent** ist die Tour du Doyenné (15. Jh.). Vom im 16. Jh. hier gegründeten Hospital blieben Teile des Kreuzgangs, Kapelle sowie eine spätbarocke Apotheke (Führungen 15. Juni–15. Sept. Mi 14.30 Uhr, sonst letzter Mi im Monat). Die von Fachwerk- und steinernen Renaissancebauten geprägte Altstadt um die **Kathedrale St-Vincent** (8–19.30 Uhr) ist Fußgängerzone. Das **Rosarium** am Saône-Ufer (Jachthafen, Golf) zählt über 26 000 Rosenstöcke (tägl. 9–18 Uhr). Das **Musée de la Photographie** widmet sich Werk und Erfindungen des Fotopioniers Nicéphore Niépce (tägl. außer Di 9.30–11.30, 14.30–17.30, Juli–Aug. 10–18 Uhr). An der 40 km langen **Weinstraße Chagny–Sercy** reihen sich die Weindörfer der **Côte chalonnaise**. Die malerischten Gassen und besten Tropfen findet man in **Rully** (weiß), **Mercurey** (rot), **Givry** (rot, weiß), und **Buxy** (weiß).

Ein Frühstückssaal in des Wortes wahrstem Sinne

32

Chambres d'hôtes Château de Nobles

Karte: F9
71700 La Chapelle-sous-Brancion
Tel. 03 85 51 00 55
www.bonadresse.com/Bourgogne/
chateau-de-nobles.htm
Ostern-11. Nov. geöffnet

Preise: DZ 68,6 €, Frühstück inklusive.

Anfahrt: A 6 bis Ausfahrt Tournus. In Richtung Centre halten (N 6). Auf Höhe des Hotels Les Remparts in Richtung Cluny, Cormatin (D 14) abbiegen. Nach 14 km erhebt sich das Schloss links aus einer Talmulde.

Die Gästezimmer: Gäbe es eine Liste der schönsten Schlösser Burgunds (ja Frankreichs!), das ›Château de Nobles‹ rangierte auf einem der vorderen Plätze. Ließe Rapunzel ihr goldenes Haar aus einem der runden Türme fallen, man würde sich angesichts der märchenhaften Silhouette, die sich malerisch in einen Wiesengrund einfügt, nicht wundern… Genug der Tagträumereien. Hier ein paar Fakten: Das Schloss unweit des Burgdorfs Brancion stammt aus dem 15. Jh. Sowohl der stolze Bau als auch das kleine Tal mit seinen Weinreben und pumperlgesunden Wäldern haben sich in den letzten 600 Jahren kaum verändert. Damit dies so bleibt, hat der französische Staat das Ganze unter Ensembleschutz gestellt.

Wie oft bei solch altehrwürdigen Gemäuern, die ihren Charakter bewahren konnten, ist das ›Château de

Tipp

Am ersten und dritten Sonntagmorgen des Monats wird in Brancion ein *marché biologique* (Bio-Markt) abgehalten. Informationen: Tel. 03 85 33 20 15 oder 03 85 33 23 51.

Nobles‹ wunderschön anzusehen – und nur bedingt zu bewohnen. Im Winter zieht der Schlossherr, Monsieur de Cherisey, daher mit Frau und Töchterchen in ein mit den Segnungen der Moderne ausgestattetes Nebengebäude. Ebenfalls in einem Nebengebäude, aber direkt im Schatten der Burg hat er zwei Gästezimmer eingerichtet. Beide haben eine kleine *galérie mâconnaise*, eine überdachte Terrasse vor dem Eingang also. Beide sind groß, mit antiken Möbeln eingerichtet, die sich auf dem Fliesenboden gut machen. Beide haben moderne Badezimmer, eins zudem eine Mezzanine – wo etwa Kinder unterkommen können.

Das Frühstück wird im Schloss selbst serviert. Dazu begibt man sich in einen immensen Saal. Und beginnt unter der schweren Balkendecke wieder zu träumen. Ein wahrhaft fürstlicher Kamin, ein barocker Paravent, der vergeblich versucht, die Weite des Raums zu unterteilen, sind Inspiration genug. Wer sich in seinen Träumen nicht mehr zurecht findet, wende sich vertrauensvoll an den Hausherrn. Monsieur de Cherisey hat als Psychologe in Paris praktiziert, bevor er sich entschloss, Vollzeitwinzer auf dem Familienbesitz zu werden.

P. S.: Es gibt noch eine dritte *chambre d'hôte* im Schloss selbst. Monsieur de Cherisey traut sich nur nicht, es jedem anzubieten. Denn hinein gelangt man über ein verwinkelte Treppe – und den Wäscheboden. Der weite Raum aber versprüht mit dem alten roten Fliesenboden, Balken und Ausblick zu zwei Seiten einen unwiderstehlichen Charme. Ein Zimmer für Individualisten – falls Rapunzel es nicht gerade belegt hat.

Restaurants: **La Montage de Brancion** (Col de Brancion, Tel. 03 85 51 12 40) liegt hoch auf einem Hügel *à la campagne* – ländlich gehoben ist auch die Küche. Das **Café Saint-Martin** in Chapaize (6 km westl., Tel. 03 85 50 13 08) hat nach außen seine Dorfkneipenfassaden behalten. Drinnen haben junge Schweizer die Theke übernommen. In der Woche kleine Speisen, Sa gastronomische Themenabende. In Tournus: **Greuze** (s. S. 131), **Le Rempart** (s. S. 132), **Aux Terrasses** (s. S. 134).

Ausflugstipps: Die romanischen Dorfkirchen um Tournus sind Zeugnisse des ›Aufschwungs 1000‹, der sich nach Ausbleiben des für die Jahrtausendwende erwarteten Weltuntergangs mit emsiger Bautätigkeit einstellte. Der höchste romanische Turm ragt in **Chapaize** empor. Neben der Kirche plustert sich der gallische Hahn über dem Dorfbrunnen auf. Die anmutigste Kapelle steht in **La Chapelle-sous-Brancion** und damit mitten im Feld-, Wald- und Wiesenburgund des Tournugois. Auch **Brancion**, das Dorf auf einem Hügel oberhalb der Kapelle, hat eine romanische Pfarrkirche – und eine Burg. Das Wasserschloss von **Cormatin** hat zwischenzeitlich Raoul Gunsberg, dem Direktor der Oper von Monte-Carlo, gehört. Caruso und Sarah Bernhardt spazierten daher schon durch die Salons und Gärten. Die Liste prominenter Gäste reicht in unseren Tagen bis zu Michail Gorbatschow und François Mitterrand. Allen gefiel's im prachtvollen Louis XIII-Interieur (Ostern–11. Nov. 10–12, 14–17.30, Mai–Sept. bis 18.30 Uhr).

Felder links, Wälder rechts, in der Mitte ein Schloss

33

Chambres d'hôtes La Salamandre

Frühstück vom Hausherrn

Karte: E9
71250 Salorney-sur-Guye
Au Bourg
Tel. 03 85 59 91 56
Fax 03 85 59 91 67
E-Mail: info@la-salamandre.fr
www.la-salamandre.fr
Kreditkarten: Visa, Euro, Master
Ganzjährig geöffnet. Table d'hôte auf
Reservierung.

Preise: DZ 69 €, Suite 88,5 €, Früh-stück inklusive. Table d'hôte 18,5 €, Wein nicht inbegriffen.

Anfahrt: A 6 bis Ausfahrt Tournus. In Richtung Centre halten (N 6). Auf Höhe des Hotels ›Les Remparts‹ in Richtung Cluny, Cormatin (D 14) ab-biegen. Die D 14 führt bis nach Sa-lorney-sur-Guye, wo das Haus an der Hauptstraße links liegt.

Die Gästezimmer: Salorney-sur-Guye ist ein nettes Dorf wie so viele andere im Mâconnais. Ein paar stol-ze Herrenhäuser mit dem unver-zichtbaren Taubenturm, hölzerne Galerie an den Häusern, ein Schloss, ein Bach – die Guye. Ein Farbtupfer in die Beige- und Café au lait-Töne setzt ›La Salamandre‹. In fröhlichem Gelb leuchtet das ehemalige Haus des Dorfdoktors aus seinem Park hervor. Blassblaue Fensterläden und Türen rhythmisieren die stattliche Fassade. Durch das Nadelöhr einer engen Durchfahrt (Achtung Kotflü-gel!) gelangt man auf den eigenen Parkplatz hinter dem Haus. Auf der Vorderseite erstreckt sich ein leicht verwilderter Park mit Gartentischen unter schattenspenden Bäumen und einem Tümpel. Etwas abseits kommt eine Obstwiese mit Liegestühlen hinzu.

Dass ›La Salamandre‹ einmal an-ders ausgesehen hat, führt ein verfal-lenes Nebenhaus vor Augen. Das An-wesen war mehr oder weniger eine ro-mantische Ruine, bevor die beiden Schweizer Jean-Pierre Forestier und Guy Berclaz es erwarben und von Grund auf sanierten. Herausgekom-men ist ein elegantes Domizil im ländlichen Stil des 19. Jh. Die Haus-herren sind Opernfans – jede *chambre d'hôtes* trägt daher den Namen einer Oper. Am schönsten sind die Zimmer im ersten Stock wegen der hohen Decken und großen Sprossenfenster: ›Lucia‹ hat ein Empirebett mit klei-nem Baldachin, in ›Norma‹ erblühen Rosen an der Wand, ›Atys‹ ist eine Suite, in der ein drittes Bett im Salon steht. Die im zweiten Stock haben ei-ne Schräge. Sie sind kleiner, wirken jedoch wegen der bodentiefen Fens-ter nicht beengt. Ausgesprochen *cosy* ist ›L'enlèvement au sérail‹, rokoko-kett hingegen ›Papageno‹. Jedes Zimmer ist mit viel Geschmack möbliert und mit allem Komfort ausgestattet.

Zum Verweilen bleibt noch der große Salon, wo Bild- und Kunstbände zum Lesen auf dem Sofa oder in einem Fauteuil einladen. Goldener Spiegel, Kamin und alte Stiche verbreiten Behaglichkeit. Im Esszimmer finden alle Gäste beim Frühstück bequem Platz. Hier wird auch für die *table d'hôte* eingedeckt – falls das schöne Wetter nicht zum Dîner nach draußen lockt.

P.S.: In ›La Salamandre‹ gilt ein striktes Rauchverbot. Wer nicht auf Zigarette oder Zigarre verzichten kann, darf sich selbstverständlich im Park eine anzünden.

Restaurants: Hermitage und **Auberge du Cheval Blanc** in Cluny (s. S. 59), **La Montagne de Brancion** am Col de Brancion (s. S. 75), **Lacrochette Aubergiste** in Bourgvilain (s. S. 118), **Le Commerce** in Joncy (s. S. 119).

Ausflugstipps: Montceau-les-Mines trägt die Vergangenheit als Stadt der Kohlegruben im Namen. Seinen Anfang nahm der Steinkohleabbau in **Blanzy** am nördlichen Rand von Montceau-les-Mines. Der Puits St-Claude, eine von ehemals fünf Gruben in Blanzy, ist heute ein Museum mit Förderturm, Maschinensaal und einem 200 m langen Schauschacht (Mitte März–Mitte Nov. Sa, So 14.30–17.30 Uhr). Soviel wird auf dem Weg vom von Holzpfosten getragenen Stollen zum vollautomatisierten Abbau klar: Das Leben der Kumpels war mit Sicherheit kein Zuckerschlecken. An die Toten, die bei Grubenunglücken unter Tage blieben, erinnert in Montceau-les-Mines ein Denkmal des Rodin-Schülers Antoine Bourdelle. Es steht am Canal du Centre, der die Stadt der Länge nach zerteilt. **Cluny** (s. S. 59), **romanische Dorfkirchen um Tournus** (s. S. 75), Wasserschloss von **Cormatin** (s. S. 75).

In solchen Zimmern bettet man sich gern

34

Le Domaine de Trémont

Karte: F9
71700 Tournus
Route de Plottes (D 56)
Tel. 03 85 51 00 10
Fax 03 85 32 12 28
E-Mail: tremont@chateauxhotels.com
www.chateauxhotels.com/tremont
Kreditkarten: AmEx, Visa, Euro, Master
Ganzjährig geöffnet.

Preise: DZ 65–107 €, Suite 122–199 €. Frühstück 7,6–9,2 €. Menü im Restaurant 17–23 €. HP 53–74 €.

Anfahrt: A 6 bis Ausfahrt Tournus. In Richtung Centre halten (N 6). Kurz hinter dem Hotel ›Les Remparts‹ rechts in Richtung Plottes (D 56) abbiegen. Das Hotel liegt nach 4 km rechts an der Landstraße.

Das Hotel: Plottes liegt an der ›Route du Vin‹ durch die Weinberge der Appellation Mâcon-Villages, das Nachbardorf heißt gar Chardonnay – von hier stammt die berühmte Rebsorte. Ein bukolisches *Hideaway* erwartet den Gast auf der ›Domaine de Trémont‹. *La Vie en rose?* Fast möchte man's beim Blick aufs Hotel glauben. 1840 wurde das Anwesen im rosafarbenen Stein aus Prétry errichtet. Derselbe Stein wurde schon für die Abteikirche St-Philibert in Tournus verwandt. Das Anwesen war zunächst als Kolleg für fromme Schüler gedacht. Seit dem Ende des 19. Jh. befindet die Domaine sich in Händen der Familie Wilson. 1938 wurden die

Pascal Pauget ist der einzige Winzer, der in Tournus die lokale Appellation Mâcon Tournus vertritt. Man trinkt den gefälligen Rotwein jung. Wer ein paar Fläschchen mit nach Haus nehmen möchte: Direktverkauf in der Tour du Porteur, Place de l'Abbaye, Tel. 03 85 32 53 15.

ersten Hausgäste, zumeist ausländische Studenten, aufgenommen. Die heutige Besitzerin, Michèle Wilson, wählte ihren späteren Mann unter ihnen aus. Das Foto ihrer Mutter, die den Familiensitz für zahlende Gäste öffnete, hängt übrigens im Speisesaal.

Michèle Wilson baute das Haus von der Studentenpension mit Familienanschluss zum Hotel um. Die ›Domaine de Trémont‹ veränderte sich nach außen kaum. Sprossenfenster und Türen leuchten passend zum rosa Stein in Weinrot. Glyzinien und wilder Wein bemächtigen sich der Vorderfront bis in den zweiten Stock, wo die Fenster von kleinen Säulen unterteilt sind. Bei der Ankunft glaubt man eher, ein Privatdomizil zu betreten als in einem Hotel abzusteigen. Das liegt nicht nur am reizenden Empfang von Madame Wilson, sondern auch an den liebevoll gestalteten Zimmern. Familienerbstücke sowie etwas altmodische Bäder sind überall anzutreffen. Ansonsten wechseln in jedem Zimmer Schnitt und Ausstattung. Besonders sonnig ist die ›Chambre Rose‹, ganz in Blau gehalten die ›Chambre Bleue‹. Von der ›Chambre Les Oiseaux‹ schaut man in den Park, in der ›Chambre Les Bouquets‹ blühen Blumensträuße auf der Tapete.

Bei schönem Wetter setzt man sich kommod in den himmlischen Park, um den Eichhörnchen zuzuschauen. Oder geht bis zum Ende der von Blumen und Obstbäumen flankierten Allee vor, bis Felder und Weinberge erreicht sind. Direkt an das Grundstück grenzt ein wehrhaftes Gehöft, dessen Grundmauern aufs 12. Jh. zurückgehen – Madame Wilsons Schwägerin und Neffen bauen dort Wein und Getreide an. Bei kühleren Temperaturen bietet sich die mit Ahnenporträts, Hammerklavier und hochglanzpolierten Spieltischchen möblierte Bibliothek an – für eine Partie Bridge oder zum Blättern in den alten Büchern etwa. Abends kann man im gemütlichen Speisesaal zu Tisch gehen, um vor dem Kamin Madame Wilsons Hausmacherküche schätzen zu lernen. Der erste Eindruck hat nicht getäuscht – *La Vie en rose*, also doch.

Restaurants: Im Restaurant (nur für Hotelgäste) gibt es einfache, heimische Gerichte – essen wie bei Muttern. **La Montagne de Brancion** am Col de Brancion (s. S. 75), in Tournus: **Greuze** (s. S. 131), **Le Rempart** (s. S. 132), **Aux Terrasses** (s. S. 134).

Ausflugstipps: **Tournus** (3 km östl.), ein zu gallo-römischer Zeit gegründeter Saônehafen, ist heute Ankerplatz der Flusstouristen und gehört zu den Höhepunkten jeder Burgundreise. Man beginnt klassischerweise mit der Abtei **St-Philibert** (11. Jh.), ein Meisterwerk der Romanik mit Schutzring aus Wehrtürmen, Mauern und Pforten (tägl. 8–18, Sommer bis 19 Uhr, Lapidarium im Durchgang zum Kloster. Für die Kryptabeleuchtung Münzen bereithalten!). Die Altstadt erstreckt sich parallel zur Saône zwischen den Kirchen **St-Valérien** (heute Antiquitätengalerie) und **Ste-Madeleine** (12. Jh.): Enge Gassen, prachtvolle Plätze wechseln mit Fischerkaten und noblen Palais. Das barocke **Hôtel-Dieu** (April–Okt. tägl. außer Di 11–18 Uhr) war bis 1982 in Betrieb (Apotheke, Krankensaal von 1660).

Begrünte Idylle – die Domaine de Trémont

35

Chambres d'hôtes
Le Monestier

Karte: F8
71640 St-Denis-de-Vaux
Tel. 03 85 44 50 68
E-Mail: lemonestier@wanadoo.fr
www.lemonestier.com
Keine Kreditkarten
Ganzjährig geöffnet. Table d'hôte auf
Reservierung.

Preise: DZ 69–92 €. Bei längerem
Aufenthalt Preisnachlass. Table d'hôte ab 18,5 €, Wein nicht inbegriffen.

Anfahrt: A 6 bis Ausfahrt Chalon-sur-
Saône-Nord, Richtung Chalon-sur-
Saône. An der Ampel auf D 978 Richtung Autun abbiegen. Nach 9 km am
Kreisverkehr Richtung Givry, dann sofort wieder auf die D 48 Richtung La
Vallée des Vaux abbiegen. ›Le Monestier‹ ist ab hier ausgeschildert und liegt
im Dorf oberhalb der Kirche.

Die Gästezimmer: Im herzerfrischend rumpeligen Winzerdorf schie-
ben sich löchrige Gassen einen Hang
hoch. Bummeliger als hier im Hinter-
land der Côte chalonnaise ist Burgund
fast nirgends. Stiller auch nicht. Oberhalb der Kirche sticht ein stolzes Anwesen ins Auge. Eine Mauer schirmt
Haus und Garten rundherum zum
Dorf ab. Neben dem Gartenportal
fordert ein Porzellangriff zum Ziehen
auf. Die Kordel schwankt, sodann
bimmelt ein Glöckchen: Bienvenue in
›Le Monestier‹.

Das Anwesen in Besitz von Margrit
und Peter Koller stammt aus dem 17.
Jh. Es ist ein echtes Herrenhaus aus

beigem Haustein, mit respekthei-
schendem Eckturm, hoher Fassade
und einer schmiedeeisernen Galerie
als Variation zur *galérie mâconnaise*.
Immerhin drei Terrassen verteilen
sich am Haus, wo man somit immer
ein lauschiges Plätzchen für einen
kühlen *Crémant de Bourgogne* oder einen *Kir Royal* findet. Es sei gleich gesagt: Die sechs Zimmer sind Nicht-
raucherzone. Raucher sind hingegen
in der Bar und im *fumoir* des Turms
willkommen.

Wie bei alten Gemäuern unvermeidlich, sind die Zimmer verschieden groß. *Chambres d'hôtes* bedeutet
eben auch, dass man nicht von der
Stange logiert. Das Badezimmer zu
Zimmer 2 etwa liegt über den Gang –
die Gastgeber stellen daher Bademän-
tel bereit. Zimmer 4 hat ein eigenes
Bad mit einer nostalgischen, freiste-
henden Wanne sowie dazu passend
ausladenden Waschbecken und Kon-
solen im Stil der Belle Époque. Weiße
Wände, Dielenböden, farbkräftige
Bettüberwürfe sind allen Zimmern gemein. Das eine oder andere antike
Stück, die Grafik oder die Fotografie
verleihen hingegen jedem Zimmer die
eigene Note.

Margrit und Peter Koller schufen
nach dem Umzug von Deutschland
nach Burgund eine *maison d'hôtes*, die
an Komfort und Gastlichkeit die
Konkurrenz weit übertrifft. Das liegt
neben dem zauberhaften Haus nicht
zuletzt an den reizenden Gastgebern,
die gern mit Rat und Tat bei der Er-
kundung ihrer Wahlheimat zur Seite
stehen. Falls man die Weindörfer und
Keller der nahen Côte chalonnaise
bereits besichtigt hat: Mit Pool und
Pétanque (Boulespiel) ist man im Garten von ›Le Monestier‹ aufs angenehmste beschäftigt.

Restaurants: Die abendliche *table d'hôte* im ›Le Monestier‹ bietet eine bequeme Möglichkeit, die burgundische Küche zu erkunden. **Le Petit Blanc** in Charrecey (Le Pont Piley, Tel. 03 85 45 13 43) ist ein familiärer Landgasthof, solide und günstig. **Aux Années Vin** heißt ein einfaches Lokal in Buxy (2, Grande-Rue, Tel. 03 85 92 15 76), das dank des ehrgeizigen Philippe Queneau an Zustrom gewinnt – Hasenrücken mit Trüffeljus. Das rustikale **La Halle** in Givry (Place de la Halle, Tel. 03 85 44 32 45) war einmal ein Kloster. Die **Hôtellerie du Val d'Or** in Mercurey (140, Grande Rue, Tel. 03 85 45 13 70) steht für Ausgefallenes wie ein Frikassee von Gemüse und Flusskrebsen mit einem Sud junger Erbsen – dafür erhielt *chef de cuisine* Cogny einen Michelin-Stern.

Nostalgisch, aber auf allerneuestem Stand sind die Bäder

Ausflugstipps: ›Schneiderville‹ hieße **Le Creusot** (25 km westl.), wenn es 1856 nach dem Willen der Bewohner gegangen wäre. Die Petition zwecks Umbenennung der Stadt zu Ehren der Unternehmerdynastie Schneider fand in Paris jedoch kein Gehör. Die Verhältnisse vor Ort waren auch so klar: 124 Jahre lang stand ganz Le Creusot unter der Obacht von vier Generationen Schneider. Der aus Lothringen zugewanderten Familie gehörten die Fabriken, Schulen, Kirchen, Krankenhäuser, Altersheime. Die jeweiligen Familienoberhäupter waren zugleich Unternehmer, Bänker und Politiker, die es bis zum Minister brachten. Man heiratete sogar in den französischen Hochadel ein. Als 1962 der letzte Schneider-Patriach starb, vermachte die Witwe das Familienvermögen der Stadt. Le Creusots glanzvolle Zeit als Stahlschmiede und Kristallglashütte Burgunds ging bereits zur Neige. In das blütenweiße **Château de la Verrerie**, dem Schloss der Schneiders mitten in der Stadt, zog das **Ecomusée** (Mo–Fr 10–12, 14–18, Sa, So 14–18 Uhr). Wo einst die Könige von Bulgarien, Serbien und Portugal, de Gaulle und zuletzt Nikita Chruschtschow empfangen wurden, dokumentieren Exponate Le Creusots industrielle Blüte. Der glanzvollste Raum überrascht in einem der beiden Glashochöfen des Ehrenhofs. 1905 ließen die Schneiders den konischen Bau zum Privattheater mit neobarockem Goldstuck umbauen.

Im Winzerdorf **Couches** (15 km nordwestl.) findet Anfang Juli ein Jazz-Festival statt. Sehenswert ist die im 11.–13. Jh. erbaute Burg mit Kapelle und einem imposanten Donjon über dem Tal (Juli–Aug. tägl. 10–12, 14–18 Uhr, Juni, Sept. nur nachmittags, April, Mai nur So).

Restaurants

Restaurants

Gut zu speisen zählt in Burgund zu den Alltagstugenden. Davon zeugen die vielen kleinen Restau- rants irgendwo tief in der Pro- vinz, davon zeugt die zwei- stellige Zahl an Michelin-Ster- nen. Davon kann sich über- zeugen, wer das

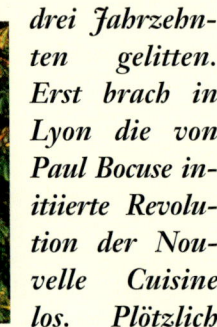

Vergnügen hat, zu einem privaten Essen eingeladen zu werden. Von Brillat-Sa- varin stammt der legendä- re Ausspruch, die Burgun- der hätten ›seidene Därme‹. Anders gesagt, der franzö- sische Küchenphilosoph stellte die Menschen dieser Region unter den Pau- schalverdacht, durch die Bank Feinschmecker zu sein.

Zugegeben, die einst un- angefochtene Vormachtstel- lung der burgundischen Kü- che hat in den letzten zwei, drei Jahrzehn- ten gelitten. Erst brach in Lyon die von Paul Bocuse in- itiierte Revolu- tion der Nou- velle Cuisine los. Plötzlich waren Ikebana-Arrange- ments auf dem Teller und mit der Briefwaage bemes- sene Portionen en vogue – beides löst bei einem echten Burgunder nur Kopfschüt- teln aus. Dann folgten im Zuge eines veränderten Gesundheitsbewusstseins die Diät-Welle und die Ent- deckung des Vegetariertums. Wohingegen in Burgund ein Restaurant ohne ein ordentliches Stück Charolais auf der Karte direkt schließen könnte. Und was die Portionen angeht: »Bon appétit et large soif« – »Guten Appetit und großen Durst« lautet in Burgund der Tafelgruß. Das soll als Kommentar reichen.

Böser als die genannten Trends setzte der butterbetonten Küche Burgunds der Aufstieg der olivenölorientierten Küche des Südens zu. »Butter! Gebt mir Butter und nochmals Butter!« hat Großkoch Fernand Point auf dem Zenit seiner Macht einmal dekretiert. Ein kulinarisches Zeitalter später aber verlangte der Gast mediterrane Leichtigkeit auf dem Tisch. Wohingegen die Küche Burgunds in ihren Wurzeln bäuerlich und erdverbunden ist, Butter inklusive. Die gleichmacherische Ruccola-Ravioli-Rotbarben-Welle klingt freilich auch schon wieder ab, und in der Küche setzt ein Gegentrend zur Regionalisierung ein. Davon profitiert die traditionsreiche Küche Burgunds, das gemeinhin als französisches Schlaraffenland gehandelt wird.

Burgunds Küche hat Weltniveau, nicht zuletzt dank ihrer Saucen und des Reichtums, den die Scholle großzügig hergibt. Hier findet sich für jeden Geschmack etwas: Rind aus dem Charolais, Weinbergschnecken von der Côte d'Or, Maronen, Pilze, Wild, Honig aus den Wäldern des Morvan, das der Welt beste Geflügel aus der Bresse, schließlich Krebse und Fische aus den zahlreichen Flüssen.

Gougères (mit Käse gefüllte Windbeutel) machen den Anfang eines Mahls. Man reicht sie zum Aperitif aber auch zur Weinprobe. Zu den klassischen Vorspeisen zählen *œufs en meurette* (verlorene Eier in Rotweinsauce mit Speck und Pilzen), *escargots à la bourguignonne* (Schnecken in Kräuterbutter), *charcuterie de Morvan* (Wurst und Gebirgsschinken), *jambon persillé* (gekochter Schinken in Petersilien-Gelee) und die sehr deftigen *andouillette de Chablis* (Innereienwurst in Weißwein).

Breit gefächert ist auch das Angebot an traditionellen Hauptspeisen, angefangen von der *pôchouse* (Flussfischtopf mit Aal, Barsch, Schleie, Hecht, Karpfen und Weißwein), über ein unvermeidliches *bœuf bourguignon* (Rindfleischtopf mit mariniertem Fleisch und Rotwein) und die *queues de bœuf à la vigneronne* (Ochsenschwanz mit Weintrauben). Weiter geht's mit einem *coq au vin* (Hähnchen in Rotwein), oder einem *poulet à la crème* (Hühnchen in Sahne-Weißweinsauce). Seltener zu finden sind *écrevisses à la nage* (Flusskrebse im Weißwein- und Kräutersud) oder ein *lapin à la bressane* (Kaninchen in Sahnesauce). Im Herbst stehen *lapereau à la moutarde* (Kaninchen in Senfsauce) und das köstliche *civet de lièvre* (Hasenpfeffer) auf der Karte.

Als süßer Abschluss seien Dessertvariationen um das *pain d'épices* (Gewürzbrot), die *poires belle dijonnaise* (Birnen mit Johannisbeersorbet) oder *meringues de Chablis* genannt. Nicht zu vergessen Patisserien – Burgunds Kuchenbäcker sind mit allen nur erdenklichen Cremes und Teigen bestens vertraut. Wer's nicht so süß mag: Allein 27 Käsesorten stammen aus Burgund. Allen voran seien die aus Kuhmilch gewonnenen *Epoisses*, *Cîteaux*, *Ami du Chambertin*, *St-Florentin*, *Brillat Savarin* und *Soumaintrain* genannt, denen Ziegenkäse wie *Crottin de Chavignol* und *Bouton de Culotte* geschmacklich Paroli bieten.

Preiskategorien

Günstig
Vorspeisen 5–8 €
Hauptgerichte 9–15 €
Desserts 5–8 €
Menüs 15–20 €

Gehoben
Vorspeisen 16–22 €
Hauptgerichte 23–35 €
Desserts 13–16 €
Menüs 46–75 €

Moderat
Vorspeisen 9–15 €
Hauptgerichte 16–22 €
Desserts 9–12 €
Menüs 21–45 €

Teuer
Vorspeisen 23–45 €
Hauptgerichte 36–60 €
Desserts 17–20 €
Menüs 76–125 €

Restaurants in Burgund

Die im Preis-Leistungs-Verhältnis teuerste Mahlzeit bleibt das Frühstück. Wenn es nicht im Hotelpreis inbegriffen ist, kann man freilich zu Café au lait samt Croissant ins Café um die Ecke ausweichen. Apropos: **Café** oder **Bar** bedeutet soviel wie Kneipe. Für den Hunger zwischendurch gibt es hier ein Sandwich, vielleicht auch eine Quiche oder einen Salat. Wer Petits fours und Kuchen essen möchte, geht dagegen in einen **Salon de thé**. Mittags bieten viele Bars und Cafés ein preiswertes Menü oder Tagesgericht *(plat du jour)* an. Neben dem Café oder der kleinen Bar, wo man günstig und bodenständig verköstigt wird, locken renommierte **Restaurants** und kulinarische Tempel – für deren Künste man allerdings tief ins Portemonnaie greifen muss.

Abends bleibt in Cafés und Bars die Küche kalt: Nach dem Aperitif für die heimkehrende werktätige Bevölkerung schließen etliche dieser Etablissements, meist gegen 20 Uhr. Jetzt schlägt die Stunde des Restaurants, wo ab etwa 19.30 Uhr die ersten Bestellungen entgegen genommen werden. Entweder wählt man zwischen den regulären Menüs oder – teurer – à la carte. Im Winter macht die Küche spätestens gegen 21.30 Uhr dicht: Gute Gerichte wollen lange vorbereitet sein, und auch in der Küche gilt die 35-Stunden-Woche. Eine Ausnahme sind **Brasserien**: Nachtschwärmer in Dijon oder Auxerre etwa können hier nach dem Kinobesuch noch einkehren. Das Rezept heißt ›durchgehend warme Küche‹, auch zu später Stunde.

Unter **Bistro** verstand man früher einfache Restaurants, in denen man unkompliziert mal schnell etwas essen konnte. Der Begriff hat einen enormem Bedeutungswandel durchlaufen. Michelin-Stern und Bistro schließen sich schon lange nicht mehr aus. An die Herkunft des Bistro erinnert noch der im Gegensatz zum Restaurant nicht ganz so offizielle Rahmen – die Preise indes nicht mehr. Immer verbreiteter wird die **Table d'hôte**: Man speist am selben Tisch mit den Gastgebern der *chambre d'hôtes* oder des privaten Gasthauses. Serviert wird ein nach Absprache mit dem Gast komponiertes Menü.

Noch eins: Samstagabend und Sonntagmittag sind in Frankreich die klassischen Termine für ein Essen außer Haus – entsprechend groß ist der Andrang. Viele Restaurants legen nach dem Ansturm am Sonntagabend und Montag eine Ruhepause ein. Den Tisch zu reservieren empfiehlt sich fast immer. Wo ein Michelin-Stern prangt, sollte man niemals auf gut Glück vorbeischauen: Je renommierter der *chef de cuisine*, desto öfter heißt es »complet« – kein Platz mehr frei.

Generell gilt: Mittags speist man günstiger. Auch gehobenere Restaurants locken dann mit einem Menü zu kleinem Preis *(Menu de la semaine)*, wobei sich das Angebot auf die Zeit von Montag bis Freitag beschränkt. Eine Tendenz bei hochkarätigen Restaurants sind ›Ableger‹ in Form eines Bistro: Auch hier speist man günstig und bekommt doch einen Geschmack vom Können eines ›großen‹ *chef de cuisine*. Bei den Restaurants der Logis de France steht laut der Charta ein im Preis-Leistungs-Verhältnis attraktives *Menu du terroir* auf der Karte: Es umfasst drei Gänge, serviert wird Regionaltypisches.

Restaurant-Knigge

Auch mit Reservierung setzt man sich nicht sofort, sondern überlässt es dem Kellner, einen Tisch vorzuschlagen – den man natürlich höflich ablehnen und um einen anderen Platz bitten kann. Nachdem die Speisekarten verteilt sind, fragt der Kellner, ob man einen Aperitif wünsche (»Désirez-vous un apéritif?«). Bei sehr noblen Adressen nimmt man den Apertif in einem separaten Salon und studiert dabei die Karte. Die Getränkekarte erhält bei gemischten Paaren immer der Mann, dem später auch die Probe des bestellten Weins vom Kellner angetragen wird. Hat man gewählt, gibt man der Bedienung, die mit »Monsieur!« oder »Madame!« angeredet wird, ein Zeichen – lautes Zurufen ist selbstverständlich verpönt. Zwar lockern sich die Restaurantregeln, doch vor allem abends nur einen Salat oder eine Vorspeise zu bestellen, ist ein Unding. Mittags nur einen Hauptgang zu bestellen, ist hingegen kein Fauxpas mehr.

Für das Menü sollte man Zeit mitbringen. Die rituelle Abfolge von Vorspeise, Hauptgang, Dessert und Café erfordert ein paar Stündchen. Die Rechnung wird am Schluss nur auf Aufforderung gebracht. Sie umfasst immer den Gesamtbetrag und sollte von einer Person beglichen werden – getrennt zu bezahlen käme keinem Franzosen in den Sinn. Trinkgeld wird in der Rechnung ausgewiesen, doch dem Betrag 5–10% für den Service zu geben, ist nach wie vor üblich. Man legt das Trinkgeld nach Herausgabe des Restgeldes dezent auf den Tisch. Obwohl strenge Kleiderordnungen passé sind: Shorts gehören nur auf die Caféterrasse, nicht unbedingt ins Restaurant. In guten Restaurants wird ohnehin *tenue correcte* erwartet, was heute jedoch nicht viel mehr als lange Hosen bedeutet.

1

Le Pré aux Clercs

Karte: G6
21000 Dijon
13, place de la Libération
Tél. 03 80 38 05 05
Kreditkarten: AmEx, Diner, Euro,
Visa, Master
So abends, Mo, eine Woche im Aug.
geschlossen
Preiskategorie: Teuer

Aufgeklärter Herrscher: Jean-Pierre Billoux

Anfahrt: A 31 (von Nancy oder Beaune) oder A 39 (von Dole, Besançon), Richtung Centre. Ausschilderung Palais des Ducs/Place de la Libération. Das Restaurant liegt am Platz, dem Herzogspalast gegenüber.

Das Restaurant: Eine noblere Adresse als die Place de la Libération ist in Dijon kaum vorstellbar. Mit dem repräsentativen, etwas unterkühlt wirkenden Paradeplatz setzte sich das Ancien Régime im 18. Jh. voller Verve in Szene. Unaufdringlich elegant sind die im Halbrund gesetzten Fassaden. Fast in der Mitte fällt der Schriftzug ›Le Pré aux Clercs‹ ins Auge. Vom Restaurant schweift der Blick über die Weite des Platzes zum streng symmetrisch angelegten Ehrenhof des Palais des Ducs – wer bei Sternekoch Jean-Pierre Billoux einen Tisch mit Aussicht reserviert hat, schaut über das barocke Gleichmaß hinweg auf die Tour Philippe-le-Bon. *Face au Palais des Ducs* (gegenüber dem Herzogspalast) steht denn auch auf den Visitenkarten des Restaurants – dessen Eingang sich freilich in der schmalbrüstigen Rue du Palais befindet.

Bereits im Entree wird mit Vertäfelung und kleinem, zur Lektüre der Karte bestimmten Salon unmissverständlich der Rang des Hauses als Dijons erster Gourmetadresse betont. Fast regiert Billoux mehr als er kocht. Das macht er allerdings sehr gut. Billoux hat nichts Geringeres vollbracht als die klassische burgundische Küche vor dem Untergang in zu schweren Saucen und zu gewaltigen Portionen zu retten. Klassik bedeutet hier vor allem Reduzierung aufs Wesentliche. Das gilt für eine Terrine mit Taschenkrebsen und *foie gras* ebenso wie für eine Enten-Charlotte mit *pain d'épices* oder ein *croustillant de chocolat aux marrons confits*. ›Aufgeräumt‹ wie die Karte wirkt auch der Saal, in dem moderne Schlichtheit den Ton angibt.

Auf der Weinkarte nehmen die Tropfen von der nahen Côte de Nuits einen prominenten Platz ein. Selten genug, und deshalb soll es gesagt sein: Bei Billoux kann man fragen, sei es bei der Menüzusammenstellung, sei es, um mit Hilfe des Sommelier den richtigen Wein dazu zu finden. Die Auskunft ist freundlich und keine Spur hochnäsig. Auch in diesem Punkt hat Billoux, der aufgeklärte Herrscher, alte Zöpfe abgeschnitten.

2
Les Oenophiles

Karte: G6
21000 Dijon
18, rue Ste-Anne
Tel. 03 80 30 73 52
Kreditkarten: AmEx, Diner, Euro,
Visa, Master
So geschlossen
Preiskategorie: Moderat–Gehoben

Anfahrt: A 31 (von Nancy oder Beaune) oder A 39 (von Dole, Besançon), Richtung Centre. Ausschilderung Hotel Philippe Le Bon/Parking Ste-Anne (Parkhaus) folgen. Das Parkhaus liegt gegenüber dem Restaurant.

Das Restaurant: Der Name ›Die Weinliebhaber‹ passt nicht schlecht, ist doch das Restaurant so etwas wie der Stammsitz der *Nouvelle Compagnie Bourguignonne des Oenophiles*, einer Art Bruderschaft von Weinliebhabern. Daniel Broyer hält hier die Ehre der burgundischen Küche hoch, indem er nur nach alter handwerklicher Kunst und unter Verwendung der besten Produkte arbeitet.

Man speist unter dem 5 m hohen Gebälk eines zauberhaften Fachwerkbaus aus dem 15. Jh. Hin gelangt man über einen weiten Gartenhof, in dem sommers eingedeckt wird. Gobelinbespannte Fauteuils, Natursteinwände, das Linnen auf dem Tisch weiß, der Kellner im schwarzen Tuch – kein Wunder, dass hier vor allem die Honoratioren und Geschäftsleute von Dijon einkehren. Mittags und abends steht folglich ein *Menu d'affaires* auf der Karte, zum vergleichsweise günstigen Preis von 28 €, wobei zum *déjeuner* der Wein sogar inbegriffen ist. Im vorzüglichen *Menu du terroir* (38 €) kommen burgundische Klassiker zum Zuge, die auf *Cuisine*-Niveau zubereitet sind – eine *meurette d'œufs pochés au vin rouge*, eine mit Senfkörnern gratinierte Zanderschnitte und zum Dessert eine mit Anis aus Flavigny zubereitete *crème brûlée* in Begleitung einer Kugel *pain d'épices*-Eis.

Ganz zum Schluss steht es dem Gast frei, über einen zweiten Innenhof mit herrlichem Renaissance-Fachwerk ins Puppenmuseum zu schreiten. Zu sehen sind Miniaturdarstellungen aus dem mittelalterlichen Dijon.

Zu Tisch geht es durch diesen Garten

3

Le Bistrot des Halles

Karte: G6
21000 Dijon
10, rue Bannelier
Tel. 03 80 49 94 15
Kreditkarten: Visa, Euro, Master
So, Mo geschlossen
Preiskategorie: Moderat

Anfahrt: A 31 (von Nancy oder Beaune) oder A 39 (von Dole, Besançon), Richtung Centre. Ausschilderung Halles/Préfecture folgen. Das Bistro liegt auf der Nordseite des Platzes.

Das Restaurant: Ein Bistro ist ein Bistro, ist ein Bistro – die Sentenz frei nach Gertrude Stein gilt erst recht für das Bistrot des Halles. Das Restaurant gegenüber den verschnörkelten Belle-Époque-Markthallen ist mit Holzstühlen, marmornen Tischplatten und schwarzweißem Kachelboden der Inbegriff dieser urfranzösischen Restaurantgattung. So oder so ähnlich

So muss Bistro-Küche sein: herzhaft & knackig

Tipp

Nur ein paar Häuser weiter behauptet sich die Crèmerie Porcheret (18, rue Bannelier) als bester Käseladen zwischen Dijon und Beaune. Alle AOC-Käse der Region sind selbstverständlich im Angebot, zudem auch relativ unbekannte Sorten wie der *Cendré de Vergy* (Ziegenkäse im Aschemantel).

hätte der Saal schon 1930 aussehen können. So oder so ähnlich verläuft seit Jahrzehnten mehrmals in der Woche das Markttreiben. Solche oder ähnliche Gerichte stehen seit Jahrzehnten auf burgundischen Bistrokarten: *pâté en croûte à l'ancienne* (Pastete im Teigmantel nach Großmutters Art), *faux-filet charolais* in Biersauce und *jambon persillé.* Die Weine sind erschwinglich, viele werden glasweise ausgeschenkt. Das Angebot entnimmt man der Schiefertafel. Und: Bestellungen werden bis 22.30 Uhr angenommen.

Im Bistro stimmen zudem die Atmosphäre – das Restaurant ist so etwas wie eine Bastion der Kulturschaffenden und Bonvivants – und das Preis-Leistungs-Verhältnis: Für 15 € bekommt man ein einfaches, aber honettes Menü serviert. Es ist folglich fast immer rappelvoll. Bisweilen geht es sogar hoch her – kein Ort für ein romantisches *dîner à deux* also.

Hinter dem Erfolg verbirgt sich ein großer Name: Jean Billoux, dessen sternchenprämiertes Restaurant ›Le Pré aux Clercs‹ (s. S. 88) sich an der Place de la Liberté befindet. Das Bistro leistet sich der *chef de cuisine* quasi als bodenständigen Vorposten.

4

Les Gourmets

Karte: F6
21160 Marsannay-la-Côte
8, rue du Puits-de-Têt
Tel. 03 80 52 16 32
Kreditkarten: AmEx, Diners, Visa,
Euro, Master
So abends, Di. 2.–10. Jan., 1. August-
hälfte geschlossen
Preiskategorie: Gehoben–Teuer

Liebt's modern: Noël Perreaut

Anfahrt: Von Dijon über die N 74 Richtung Beaune, Nuits-St-Georges. Kurz hinter der Stadt nach Marsannay-la-Côte abbiegen. Das Restaurant liegt im Dorf, bei der Kirche.

Das Restaurant: Amerikanische Gäste seien mitunter enttäuscht aus dem ›Les Gourmets‹ zurückgekehrt, berichtete eine Hoteldirektorin von der Côte d'Or und betonte zugleich, dass es gewiss nicht an der Küche von Noël Perreaut gelegen habe. Nein, das Interieur fanden die Reisenden aus der neuen Welt ›too modern‹. Futuristisches Mobiliar schon im Eingangsbereich, an den Wänden ein kräftiges Orange, gepaart mit einem knalligen Rot – der Ton für den Saal, der keine France Profonde-Folklore zulässt, ist gegeben. Es ist allemal ein willkommener Stilbruch in einer sonst so sehr auf Tradition pochenden Region. Im Sommer bleibt immer noch die Terrasse als Alternative zum Saal.

So weit, so gut. Doch auf der Karte paradieren Burgunds kulinarische Klassiker von den Schnecken, die freilich im Windbeutel und mit Minze serviert werden, bis hin zu den *œufs pochés en meurette* und Jakobsmuscheln, im Herbst mit Steinpilzen kombiniert. Aber Perreaut scheut keine Experimente und besitzt genügend Talent, damit diese Ausflüge in ferne kulinarische Welten gelingen: Hinter der abenteuerlichen Bezeichnung *Travers de veau de 8 heures aux arômes d'orange et parmesan* versteckt sich eine Kreation mit Kalbsrippchen, der Orangen und Parmesan den Weg aus der regionalen Küche weisen.

Deswegen pilgert man hierher, deswegen kommt man wieder. Zum *Travers de veau* passt ein roter Marsannay, aber die geradezu spektakuläre Weinkarte erlaubt so manchen anderen Blick in die Keller der Côte d'Or.

Tipp

Die *Pressoirs des Ducs de Bourgogne* (herzögliche Weinpressen) aus dem 13.–14. Jh. (Chenôve, 4 km nördl., 8, rue R. Salengro, 15. Juni–15. Sept. 14–19 Uhr, Eintritt frei) gelten als eine der ältesten Kelteranlagen Burgunds – auch wenn die Herzöge wohl niemals die Eigner waren. Am Wochenende nach dem 15. Sept. findet in Chenôve die *Fête de la Pressée*, ein Weinlesefest statt.

La Rôtisserie du Chambertin/Le BonBistrot

Karte: F6
21220 Gevrey-Chambertin
Rue du Chambertin
Tel. 03 80 34 33 20
Kreditkarten: AmEx, Diners, Visa,
Euro, Master
So abends, Mo, Feb., 1. Oktoberwoche
geschlossen
Preiskategorie: Moderat–Gehoben (La
Rôtisserie), Moderat (Le BonBistrot)

Anfahrt: Von Dijon über die N 74
Richtung Beaune, Nuits-St-Georges.
Nach Gevrey-Chambertin abbiegen.
Das Restaurant liegt im Dorf an der
ausgeschilderten Route des Grands
Crus (Weinstraße).

Das Restaurant: Ein schmiedeeisernes Tor, hinter dem sich ein kiesbe-
streuter Hof einladend ausbreitet, ver-
heißt ein kulinarisches Paradies. Dann
aber geht's zunächst hinab. Die Tür
zur Rôtisserie wird aufgestoßen, Licht
fällt auf eine alte Steintreppe. Während man immer tiefer schreitet, tau-
chen unter Seitengewölben und in
Nischen Szenen aus dem Winzeralltag
von einst auf, denen lebensgroße
Puppen eine leicht beängstigende
Wirklichkeit verleihen. Endlich ist der
Empfang erreicht. Das zuvorkom-
mende Personal nimmt den Mantel
entgegen und geleitet mit der Karte
unter dem Arm den Gast zu Tisch.
  Beruhigt nimmt man im nackenhohen Gobelinfauteuil Platz. Der

Blick tastet das herrliche Naturstein-
gewölbe ab, und, wichtiger noch – die
Karte. Jetzt spätestens weiß auch der
Novize unter den Gästen, dass er im
sicheren gastronomischen Hafen ge-
landet ist. *Chef de cuisine* Jean-Pierre
Nicolas hat sich in vielen Jahren als
einer der großen Küchenchefs an der
prestigeträchtigen Route des Grands
Crus bewährt. Die Wahl fiel beim
letzten Besuch auf das *Menu bourguignon*, das man wahlweise mit drei
(40 €) oder vier Gängen (51 €) bestellen kann. Der Appetit reichte für
die gesamte Speisenfolge: von der *persillé de poissons d'eau douce* (Süßwasser-

Großzügig und gemütlich zugleich
ist der Saal im BonBistrot

fischterrine mit Rübchenremoulade und Senfkörnern), über den *gigot de grenouilles fraîches* (Froschschenkel) bis hin zum *coq au vin* (selbstverständlich aus der Bresse). Nach der abschließenden Käseplatte und einem Apfelkuchen war das Glück perfekt. Bei den Weinen machte ein einfacher, überzeugender Mâcon Villages '98 (weiß) den Anfang, gefolgt von einem Gevrey-Chambertin '99 (Le Petit Fils de Charles Marchand). Der unaufdringliche, dabei aufmerksame Service trug zur guten Stimmung bei. Ein neidischer Blick ging dennoch zum Nachbartisch, an dem ein gegrilltes Zanderfilet in einer Gevrey-Chambertin-Sauce sichtlich auf Begeisterung stieß.

Wer nicht ganz so gediegen wie in der Rôtisserie speisen möchte, hat seit einigen Jahren die Möglichkeit, ins schlichtere ›BonBistrot‹ auszuweichen. Man sitzt hier enger als in der ›Rôtisserie‹, mit Blick auf die wunderschöne alte Metalltheke, sommers auch auf der Terrasse. Einfache Speisen wie ein Frikassee vom *coq au vin* oder ein Omelette mit Speck verraten natürlich auch im ›BonBistrot‹ die Sorgfalt, für die Pierre Nicolas mit seinem Namen einsteht.

6

Auberge de la Charme

Karte: F5
21370 Prenois
Rue de la Charme
Tel. 03 80 35 32 84
Kreditkarten: AmEx, Visa, Euro,
Master
So abends, Di mittags, Mo, eine Woche
im Feb., erste Augusthälfte geschlossen
Preiskategorie: Moderat–Teuer

Eleganter Rahmen für eine zukunftswei-
sende Küche: die Auberge de la Charme

Anfahrt: A 38 bis Ausfahrt Velars-sur-Ouche (Nr. 32), D 10f Richtung Plombières-les-Dijon. Nach ca. 3 km links auf die D 10 nach Pasques/Prenois, an der Kreuzung D 10/D 104 rechts nach Prenois. Das Restaurant liegt im oberen Teil des Dorfs, an der Straße nach Etaules (D 104t).

Das Restaurant: Das Dörfchen Prenois im Nordwesten von Dijon kennt in Burgund jeder Autonarr: Auf dem Rennring etwas außerhalb von Prenois röhren regelmäßig die Motoren. Anders gesagt, das Risiko in dem verschlafenen Winkel des Auxois ein Restaurant für Feinschmecker aufzumachen, war für den blutjungen Küchenchef David Zuddas überschaubar. Zu den Rennen kommen regelmäßig betuchte Sponsoren, Rennpiloten und die feine Gesellschaft aus Dijon und Paris. Mit fast noch mehr Tempo, als auf der Asphaltpiste vorgelegt wird, kochte sich Zuddas an die kulinarische Spitze. Den kometenhaften Aufstieg krönte schließlich der erste Michelin-Stern.

Die Preise haben darunter erstaunlicherweise nicht gelitten. Bei Zuddas speist man unter der Woche mittags bereits ab 16 € fürs Menü! Schon werden die ersten Kritiker laut, die Zuddas unglaubliche Kombinationsgabe als überkandidelte Spielerei anprangern. Sicher, Manches ist gewöhnungsbedürftig. Zum Zander aus der Saône wird ein Rinderkompott in Rotwein serviert. In die Maronensuppe kommen Kürbis und Flusskrebse. Schneckenragout passt mit geräuchertem Aal auf den Teller. Da erscheint die *tarte sablé aux pêches de vigne* (eine Art Sandgebäck mit Weinbergpfirsichen, nur Mitte August bis Ende September auf der Karte) geradezu banal – schmeckt jedoch genau so köstlich wie die zuvor genannten Gerichte. Denn Zuddas wagt sich gekonnt vor. Vielleicht prägt in Prenois gerade jemand einen ganz neuen Stil der burgundischen Küche. Abwarten.

Schon jetzt lohnt der Besuch allemal wenn man kulinarisch neue Wege gehen möchte. Der Saal ist übrigens eine ehemalige Scheune, der der helle Stein aus Comblanchien edel-rustikalen Schick verleiht. Bei den Gedecken entspricht die Formen- und Farbenvielfalt dem Experimentierwillen dieses ›jungen Wilden‹. Auch das muss man mögen. Es passt hingegen immer alles.

7
Les Tontons

Karte: F7
21200 Beaune
22, rue du Faubourg Madeleine
Tel. 03 80 24 19 64
Kreditkarten: Visa, Euro, Master
So, Mo geschlossen
Preiskategorie: Günstig–Moderat

Anfahrt: A 31, A 6 bis Beaune, Richtung Centre. Auf dem Ringboulevard um die Altstadt rechts in die Rue du Faubourg Madeleine abbiegen (Ausschilderung Seurre, Dole). Das Restaurant liegt nach ein paar hundert Metern rechts. Gegenüber ist der Parkplatz Place Madeleine.

Das Restaurant: ›Les Tontons‹, ›die Onkelchens‹, liegt im Faubourg Madeleine. Bis in diesen ›Vorort‹ von Beaune sind es von den berühmten Hospices zwar keine zehn Minuten zu Fuß. Aber das Viertel außerhalb der Altstadtmauern liegt auf keinem klassischen Rundgang. Das Restaurant bleibt folglich den meisten Beaune-Besuchern unbekannt. In Beaune und Umgebung wird ›Les Tontons‹ hingegen als sicherer Tipp für fröhliche, genussreiche Stunden gehandelt. Das liegt nicht zuletzt an den Kochkünsten von Pépita und Richard Groscat.

Während Richard in der Küche waltet, hilft die stets vergnügte Pepita bei Bedarf beim Service. Die winzige Terrasse bietet nur wenig Platz, und auch der schmale, längliche Saal lässt nur eine beschränkte Zahl von Gästen zu – um so gemütlicher sitzt man freilich. An der gelb getünchten Wand hängt ein Gemälde. Es zeigt Richard und Pépita, doch noch mehr Aufmerk-samkeit zieht ein stolzer Bresse-Hahn auf sich. Soll heißen, hier weiß man, was wirklich wichtig ist – frische Produkte nämlich, deren Angebot den Jahreszeiten folgt, eine *cuisine des saisons*, bei der Herz und Magen lachen.

Herrlich munden etwa die *foie gras* mit Feigen oder die mit geriebener Orangenschale bestäubten Frosch-schenkel. Geradezu unvergesslich das *confit de joue de bœuf en parmentier à l'huile de truffe*: butterzartes, im eigenen Fett eingelegtes Rindfleisch ummantelt frisches Kartoffelpüree, dem Trüffelöl Würze verleiht. Ein paar Trüffelspäne steigern den Genuss noch. Epoisses, Brillat-Savarin oder Crottin de Chavignol auf der Käse-platte sind auf optimalem Reifegrad – die beiden Affineure, mit denen Pépita und Richard arbeiten, wissen um das strenge Urteil ihrer Kunden.

Immer wieder willkommen ist die Einlage des Kellners, der ab und zu die Kellerluke vor dem Eingang auf-reißt, um einen bestimmten Jahrgang aus dem Gewölbe zu holen. Alle Augen richten sich dann auf das Etikett der zu entkorkenden Flasche. *Santé!*

Immer für eine Überraschung gut ist das Duo Pépita und Richard

8

L'Armançon
(Château de Chailly)

Karte: E6
21320 Chailly-sur-Armançon
Château de Chailly
Tel. 03 80 90 30 30
Kreditkarten: AmEx, Diners, Visa,
Euro, Master
Nur Abendessen. Mo, Mitte Dez.–
Ende Jan. sowie Nov.–März Mo–Fr
geschlossen
Preiskategorie: Gehoben–Teuer

Anfahrt: A 38 bis Ausfahrt Pouilly-
en-Auxois (Nr. 24). In Richtung Pouilly-en-Auxois fahren, am Ortsende
auf die D 977bis nach Chailly-sur-
Armançon abbiegen. Das Schloss liegt
am Dorfeingang links.

Très élégant, passend zum Schloss

Das Restaurant: Château *oblige* – es
geht vornehm zu im ›Armançon‹, das
man nicht mit dem ebenfalls im
Schloss untergebrachten, einfacheren
›Rubillon‹ verwechseln sollte. Ein bis
an die freigelegten Deckenbalken rei-
chender Steinkamin, Kronleuchter,
lachsfarbene Tischwäsche, Stilmöbel
à la Louis XV, nicht zu vergessen der
geschliffene Service weisen das Restaurant als Luxusetablissement aus. In
die Salons des Renaissancepracht und
mittelalterliche Wehrhaftigkeit verbinden Château de Chailly passte
auch kaum etwas anderes. Draußen
weiten sich sanft hügelige Rasenflächen, akkurat gestutzt bis zum letzten Grashalm – das Schloss ist schon
seit längerem ein nobles Golfhotel
mit entsprechend zahlungskräftiger
Klientel. Die Menüpreise sind vielleicht aus diesem Grund – mit Verlaub
– einen Hauch überzogen. Aber bitte, ein so außergewöhnlicher Rahmen
hat seinen Preis.

Das Regiment führt mit dem 33-
jährigen David Plet ein erstaunlich
junger *chef de cuisine*. Plet ist trotz seines Alters alles andere als ein Revo-
luzzer. Hier kocht ein Aristokrat, und
das auch nur am Abend. Mittags
bleibt das ›Armançon‹ geschlossen.
Wie gesagt Château *oblige*. Auch auf
der Karte: Wenn die Lammkeule
nach sieben Stunden butterzart aus
dem Ofen kommt, schmeckt man das
Haselnussöl am Fleisch. Etwas unin-
spiriert, vielleicht weil gerade jeder
Querton verpönt ist, nimmt sich der
Schokoladenkuchen auf karamelli-
sierten Bananen aus. Genug der Klage. Denn Plets Stärke liegt letztendlich darin, jedes Gericht in perfekter
Zubereitung auf den Tisch zu bringen. Das schließt böse Überraschungen von vornherein aus.

9

Le Chalet Bleu

Karte: E7
71400 Autun
3, rue Jeannin
Tel. 03 85 86 27 30
Kreditkarten: AmEx,Visa, Euro, Master
Mo abends, Di, Mitte Nov.–Ende
März auch So abends Ruhetag
Preiskategorie: Günstig (mittags)–
Moderat

Anfahrt: A 6 bis Ausfahrt Beaune-Sud, Richtung Centre. Dem Ringboulevard um Beaune bis zur Ausfahrt Autun folgen. Weiter auf der D 973 nach Autun (48 km), Richtung Centre/Office de Tourisme halten. Den Wagen auf der Place de Champ de Mars abstellen: Das Restaurant liegt hinter dem Hôtel de Ville.

La vie en bleu bei Monsieur Bouché

Tipp

Der Feinkostladen ›Le Petit Chalet Bleu‹ neben dem Restaurant (Mi–Sa 9–13, 16.30–19.30, So 9–13 Uhr) bietet ofenfertige Gerichte und regionale Spezialitäten an, deren Qualität dem Niveau des ›Chalet Bleu‹ entspricht. P.S.: Man kann an der Theke einen Tisch reservieren, falls nebenan geschlossen ist.

Das Restaurant: Über Geschmack lässt sich bekanntlich nicht streiten. Das weiß auch Philippe Bouché, der seine kulinarischen Sporen im Elysée-Palast zu Paris verdient und das ›Chalet‹ mit den blauen Fenstern und Markisen zum besten Tisch Autuns gemacht hat. Nur bei der Einrichtung mag man seinem Geschmack nicht unbedingt folgen: Linoleumboden und pastellige Wandgemälde mit irgendwie mediterranen Landschaften sind nicht jedermanns Geschmack. Aber was Monsieur Bouché auf der Karte vorschlägt, gefällt ohne Abstriche.

Zander legt der *chef de cuisine* mit derber *andouille* in der Pfanne. Seine Hasenpastete ummantelt eine Pistazienkruste. Kabeljau kommt in veredelter Version als *suprême de cabillaud*, in kleinen, feinen Filets also, auf den Tisch. Auf der reichen Dessertkarte verführen je nach Saison ein Orangencarpaccio mit kandierten Scheibchen oder eine Variation von Schokoladen mit einem Kompott von Waldfrüchten. Nicht zu vergessen der freundliche Empfang sowie die heitere Stimmung im Saal. Lobenswert ist schließlich die bei den Preisen maßvolle Weinkarte, auf der Burgunder im Vordergrund stehen.

10

La Côte d'Or

Karte: D6
21210 Saulieu
2, rue Argentine
Tel. 03 80 90 53 53
Kreditkarten: AmEx, Diners, Visa,
Euro, Master
Ganzjährig täglich geöffnet
Preiskategorie: Teuer
Hotel: DZ 139–301 €, Appartement
194–430 €, Frühstück 23,5 €

Anfahrt: A 38 bis Ausfahrt Montbard/
Saulieu (Nr. 23). N 980 Richtung
Saulieu einschlagen, dort ins Zentrum
fahren. Das Restaurant liegt an der
Ortsdurchgangsstraße N 6.

Das Restaurant: Bernard Loiseau ist
gebürtiger Auvergnate. Den Menschen aus der Nachbarregion Burgunds sagt man wenn nicht Geiz, so
doch einen ausgeprägten Geschäfts-
sinn nach. Fast die Hälfte aller Bars
und Bistros in Paris sind in auvergna-
tischer Hand – auf das Bewirten von
Gästen verstehen sie sich also auch
noch. Mit Loiseau begegnet man einem Prototyp dieses Menschen-
schlages. Ein stattlicher *chef de cuisine*
mit kräftigen Händen und einem
Gesicht voll bäuerlicher Schläue be-
fehligt in der Küche das Regiment.
Einer, den die Nation aus dem Fernsehen und von der Tütensuppe aus
dem Supermarkt kennt, weil er weiß,
wie man Geld und Popularität macht.
Wichtiger für die betuchte Klientel,
einer, der begnadet kochen kann: Drei
Michelin-Sterne hält Loiseau seit
1991 für seine ›kleinen Schinken‹ vom
Frosch mit Knoblauchpüree, das in einem leichten Petersilienjus badet, für
den grandiosen Zander auf Schalot-
tenpüree in Rotweinsauce, für Hum-
merstücke, die in Möhrenstreifen eingepackt sind, für Hühnerbrust mit

Trüffelsauce und *foie gras*. Ins ›Côte d'Or‹ pilgert folglich die gastronomische Welt, und dies nicht erst seit gestern. Schon der Gründer des Restaurants, Alexandre Dumaine, galt zwischen den beiden Weltkriegen als der beste Koch im Land. Obendrein liegt Saulieu so hübsch praktisch an der Nationalstraße 6, auf der Strecke von Paris an die Côte d'Azur, was den Tischgang als ideales Etappenziel ausweist.

Loiseau aber denkt nicht nur praktisch, er hat auch klare Vorstellungen und viel Ehrgeiz. Als Jugendlicher will er beim Blick auf die Michelin-Reifenwerke im heimischen Clermont-Ferrand das Lebensziel erkannt haben: drei Michelin-Sterne, keiner weniger. Der Ehrgeiz trieb ihn in die Lehre bei den Drei-Sterne-Brüdern Troisgros nach Roanne. Über den unvermeidlichen beruflichen Abstecher nach Paris kam Loiseau »ohne einen Sou, nur mit einer Zahnbürste« 1975

Tipp

Volkstümlich geht es an Christi Himmelfahrt bei den ›Journées Gourmandes du Morvan‹ zu. Bauern, Köche, Winzer und Produzenten lokaler Spezialitäten bauen ihre Zelte auf – den ehrenvollen Vorsitz hat indes Bernard Loiseau. Jedermann kann sich auf dem gastronomischen Fest von Stand zu Stand durch die ländliche Küche des Morvan schmecken. Parc des Expositions, Tel. 03 80 64 09 22.

nach Saulieu, wo das legendäre ›Côte d'Or‹ dahindümpelte – Alexandre Dumaine hatte sich lange zuvor in den Alterswahnsinn verabschiedet. Der Rest ist Küchengeschichte. Erster Stern 1977, zweiter Stern 1981, dann 1991 der dritte und heute dazu 19 Punkte im Gault Millau.

An Dumaine erinnert auf der Karte nur noch das Bresse-Huhn *à la vapeur* ›Alexandre Dumaine‹ sowie ein nach ihm benannter ›Museumssaal‹, mit dem Ölbild des Altmeisters und altem Mobiliar. Loiseau hat kräftig an- und ausbauen lassen, zuletzt 2000. Viel gekünsteltes Fachwerk, neo-burgundisch-rustikales Ambiente, was ungleichmäßige Steinfliesen einschließt, bodentiefe Fenster auf den Garten – so sieht der neue, großzügige Saal aus. Loiseaus Küche entspricht diesem neuinterpretierten Landhausstil. Sie ist traditionell, aber ohne alte Schwere, klassisch, aber bei Zubereitung und Präsentation sehr modern. Kurzum, perfekt.

Fremder, kommst Du nach Saulieu – vergiss nicht, in der Côte d'Or zu reservieren

11

L'Espérance

Karte: C5
89450 St-Père-sous-Vézelay
Route de Vézelay
Tel. 03 86 33 39 10
Kreditkarten: AmEx, Diners, Visa,
Euro, Master
Mi mittags, Di und Feb. geschlossen
Preiskategorie: Teuer
Hotel: DZ 116–230 €, HP 152–185
€, Frühstück 23,5 €

Anfahrt: A 38 bis Ausfahrt Avallon
(Nr. 22). Richtung Avallon halten (D
50/N 6), von dort D 957 Richtung St-
Père-sous-Vézelay/Vézelay. Das Restaurant liegt im Dorf an der Durchgangsstraße Richtung Vézelay.

Das Restaurant: Legenden ranken
sich um ›L'Espérance‹. Da wäre zunächst die des Dorfjungen Marc Meneau aus St-Père-sous-Vézelay, der im
elterlichen ›Bar-Tabac‹ ganz unten auf
der gastronomischen Leiter anfängt.
Oder die vom Treffen Depardieu –
Meneau, als der Koch dem Schau-

Marc Meneau, ein Philosoph in der
Küche

spieler die Gerichte für dessen Rolle
als Vatel (Leibkoch Ludwigs XIV.) im
gleichnamigen Film ersann. Doch die
schönste handelt von Serge Gainsbourg. Als das von Alkohol und
Drogen gezeichnete *enfant terrible* des
französischen Chansons sein Ende
kommen sah, begab er sich ins ›L'Espérance‹. *Espérance* bedeutet Hoffnung.
Gainsbourg verstarb bald nach seinem
Besuch, aber himmlisch gespiesen hat
er zuvor wenigstens noch.

Drei Sterne hatte Meneau 1983 im
Michelin. Heute sind es zwei, zuzüg-
lich 19 Punkte bei Gault Millau. Das
verbürgt immer noch für Hochküche,
doch als der dritte Stern entzogen
wurde, zitterte das Département
Yonne. Ein Spitzenrestaurant wie das
von Meneau ist im strukturschwachen
Yonne drittgrößter Arbeitgeber…

Mit Austern in Kressegelee, Steinbutt im Salzmantel, Kartoffel-Galette
mit Kaviar, Kalbsfilet mit bitterer
Karamelsauce, Hummer in Mandel-
milch mit einer Curry-Vinaigrette hält
Meneau die Stellung im *Haute Cuisine*-
Olymp. Im ›L'Espérance‹ steht ein
Mann am Herd, der der Opulenz des
Ancien Régime nachtrauert. Jedes
Essen nimmt feudale Züge an. Dazu
gehören Desserts, die schon bei Hofe
zu Versailles gereicht wurden, Wein-
bergpfirsiche etwa, leicht gegrillt, mit
einer Schote Bourbonvanille. Gött-
lich. Vom Tisch schaut man in den
Garten, durch den ein Bach gurgelt.
Der *potager* ist ein verwunschener Ort.
Als sich Marc Meneau vor 30 Jahren
mit Gemüsesorten wie der Pastinake
in den kulinarischen Olymp kochte,
diente der Gemüsegarten als ›dé-
clencheur de recette‹, Rezeptzünder.
Was dem *chef de cuisine* im *potager* so
alles einfiel, steht heute auf der
Speisekarte. Freie Besichtigung.

12

Le Cépage
(Hôtel de l'Europe)

Karte: C6
58800 Corbigny
7, Grande-Rue
Tel. 03 86 20 09 87
Kreditkarten: Visa, Master, Euro
Mitte Feb.–Anfang März Betriebsfe-
rien, Mi abends, So abends, Do Ruhe-
tag außer Juli/Aug.
Preiskategorie: Bistro Günstig,
Restaurant Moderat
Hotel: DZ 44–58 €, Frühstück 5,5 €

Anfahrt: A 6 bis Ausfahrt Nr. 22, Richtung Avallon/Vézelay (N6/D 957). In Vézelay über die D 958 Richtung St-Père-sous-Vézelay/Pierre-Perthuis bis Corbigny, wo das Hôtel de l'Europe an der Hauptstraße liegt.

Das Restaurant: Eigentlich hat Eric Conan gut lachen. Zunächst die Lehre bei Marc Meneau (s. S. 100). Dann in noch jungen Jahren bereits Herr über ein Hotelrestaurant, das zwar ›nur‹ ein solides Logis de France-Hotel und kein Sterne-Tempel ist, aber immerhin als erstes Haus am Platze gehandelt wird. Was denn, was denn, das Restaurant ›Le Cepage‹ wird sogar in den Gourmetbibeln zitiert! Allerdings bisweilen mit dem erhobenen Zeigefinger der Kritiker, die zu etwas mehr Zurückhaltung mahnen. Talent bescheinigen Conan freilich alle. Also Kopf hoch.

Und zu Tisch. Nur welchen? Conan hält zwei Möglichkeiten parat. Da wäre einmal zur Straße das ›Bistro‹, dessen Wände mit Weinplakaten und Schautafeln zum Wein geschmückt

sind. Darunter stehen die üblichen Bistrobänke an der Wand. Ein paar schlichte Holzstühle, eine einfache Karte – voilà. Geschmeckt hat uns hier besonders ein *omelette soufflée* mit Schinken (köstlich: von Dussert aus Arleuf) und grauen Seitlingen, einer Pilzart, die im Morvan besonders oft vorkommt. Dazu ein Glas Vézelay blanc aus der Cave de la Vézelienne, und man ist zufrieden.

Mehr als zufrieden ist man im deutlich schickeren Restaurant zur Gartenseite, das man sommers über die Terrasse betritt. Naturstein zur einen, gelb getünchter Putz zur anderen, elegant dekorierte Tische, aber auch Eisenstühle, die eher an Gartenmobiliar erinnern und nicht so recht zum Rest passen möchten. Die Karte ist ambitioniert, was zugleich den Blick in die Ferne bedeutet. Das köstliche, auf den Punkt gegarte Lamm stammt aus der Provence, der Lavendel-Jus sowieso. Originell, aber einigen Kritikern eine Schelte (weil im Geschmack nicht zueinander passend) wert, ist die Kerbel-Mousse zu hauchdünnen Erdbeerscheibchen – uns hingegen gefiel's.

Kein Bistro ohne Polsterbänke – so auch im Cépage

13
Hôtel de la Poste

Karte: C6
58140 Vauclaix
Route de Lormes (D 944)
Tel. 03 86 22 71 38
Kreditkarten: Visa, Master, Euro
Ganzjährig geöffnet
Preiskategorie: Günstig–Moderat
Hotel: DZ 51 €, Frühstück 7 €, HP
ab drei Tage 49 €.

Anfahrt: A 6 bis Ausfahrt Avallon.
Über die N 6 in Richtung Stadt halten und von dort der Ausschilderung
Lormes folgen (D 944). In Lormes
bleibt man auf der D 944 und folgt
der Ausschilderung Vauclaix. Das
Restaurant liegt am Ende des Dorfs
auf der rechten Seite.

Das Restaurant: Selten macht das
Schlagwort vom Familienbetrieb so
viel Sinn wie beim ›Hôtel de la Poste‹.
Seit fünf Generationen schalten und
walten die Desbruyères im Gasthof,
der zugleich Hotel, Dorfkneipe und
Restaurant ist. Ums Geschäftliche
kümmert sich der leutselige Patron
Jean-Albert Desbruyères, im Saal regiert seine Frau Micheline, in der
Küche hat die betagte, gleichwohl fidele Amme des Chefs ein kräftiges
Wort mitzureden. Zur Unterstützung

aller tritt noch Fabrice, der Sohn des Hauses auf den Plan. So ein Haus nennt sich mit Fug und Recht »une affaire de famille«.

Wo es nötig ist, geht man mit der Zeit. Ein grellgrüner Neonschriftzug an der Fassade weist auf das ›Hôtel de la Poste‹ hin, die Zimmer sind mit allem modernen Komfort ausgestattet, und sogar einen Pool gibt es im Garten. Die Küche freilich bleibt, wie es sich für den Morvan gehört: Ländlich deftig nämlich, und bei den Portionen wird nicht gespart. Schon im preisgünstigen *Menu du terroir* (15 €, wird bei Halbpension serviert) lernt der Gast die lokalen Spezialitäten kennen. Als da wären das *omelette à la vincenot*

Tipp

Monsieur Desbruyères hat für seine Gäste eine Reihe von ausgeklügelten Rad-, Wander- und Autotouren vorbereitet. Die fotokopierten Routen gibt es gratis an der Rezeption.

(mit Schnecken, Anis und Knoblauch), die herrliche *tourte morvandelle* (Fleischpastete im Hefeteigmantel) oder ein *soupiquet* (entsalzter Morvanschinken in einer Wein-Sahnesauce). Das Alphabet der Küche des Morvan umfasst des weiteren *jau au sang* (Hähnchen im eigenen Blut) und eine gegrillte *andouillette* mit Schalotten. Greift man tiefer ins Portemonnaie, stehen im *Menu saveurs* (30,49 €) etwa ein Gratin von Flusskrebsen mit Pfifferlingen oder im *Menu gastro* (39,64 €) das in Burgund unvermeidliche *filet de bœuf*, hier mit leichter Sahnesauce und Trüffeln, zur Auswahl.

Der Saal ist herzerfrischend rustikal, der Service ausgesprochen herzlich. Im Sommer kommt eine lauschige Terrasse hinzu, von der man über den Garten und Wiesen zum Kirchturm schaut, was vor allem am Wochenende, wenn der Turm beleuchtet ist, hübsch romantisch wirkt. In der kühlen Jahreszeit wird auf der verglasten Veranda das Nachtischbuffet aufgebaut. Wer vor der gläsernen Vitrine steht, meint eine Konditorei zu betreten. Nusstorte, Birnentorte mit weißer Schokolade und Kirschkuchen sind vielleicht etwas mächtig, aber hausgemacht – was man mit Gaumenfreuden schmeckt.

*Vor dem Essen der Sprung in den Pool.
So lässt man sich's gefallen.*

14

L'Auberge Ensoleillée

Karte: D6
58230 Dun-lès-Places
Rue du 8-Mai
Tel. 03 86 84 62 76
Kreditkarten: Visa, Master, Euro
Um Weihnachten geschlossen
Preiskategorie: Günstig–Moderat
Hotel: DZ 21–44 €, Frühstück 6,6 €

Anfahrt: A 6 bis Ausfahrt Avallon. Über die N 140 Richtung N 6 (Saulieu, Dijon) halten. In Cussy-les-Forges von der N 6 auf die D 33 Richtung Quarré-lès-Tombes abbiegen. In Quarré-lès-Tombes folgt man der Ausschilderung St-Brisson/Dun-lès-Places (D 10/D 211) An der Kreuzung D 211/D 6 rechts nach Dun-lès-Places abbiegen. Zur Kirche fahren, hinter der die C 2 nach Le Vieux Dun abzweigt. Das Restaurant befindet sich nach wenigen Metern auf der rechten Seite.

Das Restaurant: Nichts erinnert auf den ersten Blick an den fürchterlichen Junitag 1944, als deutsche Truppen das Dorf in Brand setzten und 27 Menschen erschossen – ein Racheakt, weil das Dorf im Ruf gestanden hatte, ein lokales Résistancenetz unterstützt zu haben. Die Zeit heilt viele

Wunden. Deutsche, Franzosen und Belgier sitzen heute fröhlich vereint auf der Terrasse der ›Auberge Ensoleillée‹ und genießen unter den Bäumen das Leben, wozu bekanntlich ein gutes Essen gehört.

Es ist ein sonniges Plätzchen, ganz so wie es der Name der Herberge verspricht. Eine Sonne im Art-déco-Stil lacht von der Fassade des nach Süden ausgerichteten Hauses. Unter ihr klettert wilder Wein die Mauern hoch. Allein so wie er da steht, macht dieser Dorfgasthof gute Laune. In Dun-lès-Places heißt die Auberge immer noch *la Maison Blandin*, benannt nach einer längst verstorbenen Madame Blandin. Da sich aber auf der Karte nach dem Tod der seligen Madame Blandin we-

nig verändert hat, das Haus seinen ländlichen Charakter insgesamt pflegt und heute wiederum eine Riege resoluter Damen den Laden schmeißt, blieb's beim alten Namen – im Morvan gehen die Uhren ohnehin langsamer als anderswo.

Ein erstes Menü kommt unter der Woche schon für ganze 14 € auf den Tisch. Das Ende der Fahnenstange ist mit 34,5 € erreicht. Kein Ort, um sich zu ruinieren also, wohl aber einer, um die herzhaften Köstlichkeiten des Morvan die Karte rauf und runter zu probieren. Nicht fehlen darf Wurst, etwa eine würzige *rosette du Morvan*. Des weiteren nicht fehlen darf der *jambon du Morvan*, der herzhafte Schinken des Mittelgebirges. Die *terrine forestière* (Wildpastete) oder Schnecken in Petersilienbutter sind beim Entree eine wunderbare Alternative. Als Hauptgang empfehlen sich ein *jambon braisé au vin blanc* (leicht gegrillter Schinken in einer Weißweintunke). Wer lieber Fisch essen möchte, ist mit einer frisch aus den Bächen der Umgebung gefangenen Forelle bestens bedient. Beim Lachsschnitzel kann man zwischen einem Fondue aus Lauchzwiebeln oder Sauerampfer als Beilage wählen: Beides mundet wie bei Muttern.

Falls die Sonne einmal nicht scheint, besteht kein Grund zur Klage. Der gemütliche Saal mit seinen Sprossenfenstern und den Holzpfosten wirkt wie ein Reminiszenz an die gute, alte *vieille France*. Mit dem alles entscheidenden Unterschied, dass selbige in der ›Auberge Ensoleillée‹ keine plüschige Nostalgie, sondern lebendige Realität ist.

*Stille Abende in der Provinz,
und nur der Mond schaut zu*

15

Auberge de l'Âtre

Karte: D5
89630 Quarré-lès-Tombes
Les Lavaults
Tel. 03 86 32 20 79
Kreditkarten: AmEx, Diners, Euro,
Visa, Master
Feb. sowie letzte Juni- u. erste Juli-
woche Betriebsferien, Mitte Sept.–
Mitte Juli Di abends, Mi Ruhetag
Preiskategorie: Gehoben
Hotel: DZ 38–91 €, HP 85–115 €.
Frühstück 8,4 €

Pilze, Pilze, Pilze lautet Francis Salamolards Credo

Anfahrt: A 6 bis Ausfahrt Avallon, weiter auf der N 146, die nach 4 km auf die N 6 trifft: Richtung Cussy-les-Forges/Saulieu halten. In Cussy-les-Forges auf die D 33 Richtung Quarré-lès-Tombes abbiegen. In Quarré-lès-Tombes weiter über die D 10 in Richtung Dun-lès-Places/Les Lavaults. In Les Lavaults folgt man der Ausschilderung ›Auberge de l'Âtre‹.

Das Restaurant: Es ist ein langer Weg bis zum Weiler Les Lavaults, egal aus welcher Richtung man auch kommen mag. Endlos und undurchdringlich scheinen die Wälder des Morvan. Aber dann taucht am Wegesrand das Wahrzeichen der Auberge auf, ein eckiger Turm. Ansonsten dichtes Grün ringsherum. Grün in all seinen Schattierungen dürfte die Lieblingsfarbe von Francis Salamolard sein. Dieser *chef de cuisine* im tiefsten Wald ist ein Naturfanatiker, was er in der Küche durch seine Vorliebe zu Kräutern und Pilzen demonstriert. Salamolards *Cocktail* von Waldpilzen ist ein Begriff in der kulinarischen Welt. Das Täubchen mit Gebirgshonig vom Morvan und der Zander mit grauen Pfifferlingen und Mairitterlingen (eine Waldpilzart) stehen dem freilich in Nichts nach. Ganz zu schweigen vom famosen *fondant de pommes*, zu dem ein Quittensorbet gereicht wird – überhaupt, Desserts gehören zu den Stärken der ›Auberge de l'Âtre‹.

So fragt man sich im auf rustikalen Chic getrimmten Saal oder unter der verglasten Veranda, von der der Blick nach draußen ins Grün abschweift, nur eins. Warum fehlt dem Glück bisweilen die letzte Prise? Vielleicht, weil Salamolard – Gott sei Dank: selten – etwas zu routiniert seine Klassiker herunterkocht. Und muss dann doch feststellen, dass Salamolard immer noch für den besten Tisch des Morvan bürgt. Wozu auch eine Weinkarte gehört, die sage und schreibe 380 verschiedene Flaschen verzeichnet, 120 davon zudem in 0,375 – oder 0,5 l-Größe. Das lohnt den Weg, sei er auch noch so weit.

16

Le Vieux Moulin

Karte: C4
89800 Chablis
18, rue des Moulins
Tel. 03 86 42 84 44
Kreditkarten: Visa, Euro, Master
Ganzjährig täglich geöffnet
Preiskategorie: Günstig–Moderat

Anfahrt: A 6 bis Ausfahrt Auxerre-Sud/Chablis, dann über die D 965 bis Chablis. Die Rue des Moulins zweigt von der Durchgangsstraße Rue du Maréchal Leclerc kurz hinter der zentralen Place du Général-de-Gaulle ab.

Das Restaurant: Die *andouillette de Chablis* ist so etwas wie die kleine Schwester der ungleich bekannteren *andouillette de Chalon-sur-Saône*, von

*Lauschig am Serein liegt
Le Vieux Moulin*

Tipp

Die vielleicht beste *andouillette* bekommt man in der ›Maison de l'Andouillette de Chablis Soulié‹, der Wiege dieser Spezialität. Verkauft wird sie nach Meter und Gewicht (3bis, place du Général-de-Gaulle, Tel. 03 86 42 12 82). Einen Versuch wert ist auch die ›Maison Rousselet‹ (15, rue Auxerroise, Tel. 03 86 42 11 28).

der die führende gastronomische Publikation des Ancien Régime, ›Le Gazetin du Comestible‹, bereits 1767 berichtete. Ein Metzger (siehe Tipp) und ein Gasthofbesitzer haben die stark gewürzte Wurst aus Schweineinnereien um 1880 erfunden. Heute darf die *andouillette de Chablis* auf keiner Restaurantkarte in und um Chablis fehlen. So auch nicht im ›Vieux Moulin‹, wo man die deftige Speise als Hauptspeise mit Senfkörnern oder als Entree in einer Terrine serviert.

Unter dem großen Saal fließt der Serein – man speist, wie der Name ›Vieux Moulin‹ unzweideutig sagt, in einer ehemaligen Kornmühle. Der mit Gebälk und nacktem Stein betont rustikale Rahmen lässt schon beim Eintreten erahnen, welche Küche den Gast erwartet – eine bäuerliche, sicher doch. Nun mag eine *andouillette de Chablis* nicht nach jedermanns Geschmack sein. Gemach. Zu den Spezialitäten des Hauses zählen ebenfalls Ente in Ratafia (ein Aperitif), Hecht in einer Butter-Chablis-Sauce sowie eine Chablis-Mousse mit einem Püree von roten Früchten. Der Service ist angenehm und ungezwungen – eine Adresse zum Wohlfühlen also.

17

Hostellerie des Clos

Wo bitte geht's zu Tisch?

Karte: C4
89800 Chablis
Rue Jules-Rathier
Tel. 03 86 42 10 63
Kreditkarten: AmEx, Visa, Euro,
Master
Kurz vor Weihnachten–3. Januar-
woche Betriebsferien
Preiskategorie: Gehoben–Teuer
Hotel: DZ ab 48 €, HP 75–102 €,
Frühstück 10,7 €

Anfahrt: A 6 bis Ausfahrt Auxerre-
Sud/Chablis. Von dort über die D 965
bis Chablis, wo die Hostellerie ausge-
schildert ist. Die Rue Rathier führt vom
Stadttor Porte Noël stadtauswärts,
Richtung Chichée/ Noyers (D 45).

Das Restaurant: Nicht schlecht, was
sich der frohgemute Schnauzbart Michel Vignaud ausgesucht hat. Das
stattliche Anwesen mit Mauerumfrie-
dung, Garten und Kapelle war ursprünglich ein Hospiz. Heute lädt
hier der beste *chef de cuisine* des Cha-
blis-Gebiets an den eleganten Tisch.

Tipp

›Le Petit Pontigny‹ heißt ein mit-
telalterlicher Weinkeller unweit der
Hostellerie, den einst Zisterzien-
sermönche betrieben. Heute ist der
Bau Sitz des *Bureau Interprofessionnel
des Vins de Bourgogne*, B.I.V.B., der
Standesvertretung der burgundischen Winzer. Das B.I.V.B. infor-
miert über Weinfeste und -märkte.
Rue de Chichée, Tel. 03 86 42 42 22.

Vignaud demonstriert nicht allein
mit der Wahl des Ortes die Verbundenheit zur burgundischen Scholle.
Seine Küche ist dezidiert eine *cuisine
du terroir*. Bei den Entrees sprechen
Schneckenfrikassee in Petersilieguss
oder die lauwarme Zanderterrine mit
Chablis für die Liebe zu den Rezepten
und Zutaten aus der Umgebung. Bei
den Hauptspeisen dito: etwa ein auf
der Haut gegrillter Zanderrücken in
Chablis-Sauce oder Kalbsnierchen in
Chablis-Jus. Auch beim Dessert zeigt
Vignaud mit einem Pfirsichfondue mit
Ratafia, dem lokalen Aperitif, Heimat-
verbundenheit. Neu ist Vignauds
Hang zu Trüffeln, die natürlich ebenfalls aus der Region stammen. Es muss
kaum betont werden, dass die Restaurantkarte bei den Weinen aus Chablis
geradezu spektakulär ist. Aber auch
das nahe Auxerrois ist mit einigen
verlockenden Irancy gut vertreten.

Am schönsten sitzt man vor den bodentiefen Fenstern mit Blick in den
Garten. Restaurant und Hotel sind
jüngst komplett neu eingerichtet worden und passen sich im Stil dem gediegen vornehmen Rahmen des alten
Gemäuers an.

18

Auberge La Lucarne aux Chouettes

Karte: B3
89500 Villeneuve-sur-Yonne
14, quai Bretoche
Tel. 03 86 87 18 26
Kreditkarten: Master, Visa, Euro
So abends, Mo Ruhetag, außer Juli/Aug.
Preiskategorie: Günstig–Gehoben
Hotel: DZ ab 75 €, Frühstück 10 €

Daisuke Inagaki, ein Japaner in Burgund

Anfahrt: A 6 bis Ausfahrt Joigny, weiter auf der D 943 in Richtung Joigny. Nach 9 km an der Kreuzung D 943/N 6 links Richtung Villeneuve-sur-Yonne. Das Restaurant liegt ungefähr auf Höhe der Kirche am Yonne-Ufer.

Das Restaurant: Man geht nicht jeden Tag bei einem Hollywoodstar essen. Die charmante Leslie Caron, der die ›Auberge La Lucarne aux Chouettes‹ gehört, brachte es in den 1950er Jahren zum gefeierten Leinwandstar (›Gigi‹). Das weiß noch heute ganz Frankreich. Aber man kommt immer wieder zu Madame Caron, weil in der Auberge die Küche stimmt. Dort ist freilich nicht die gebürtige Amerikanerin zuständig, sondern ihr talentierter *chef de cuisine*, Daisuke Inagaki, dessen Gattin Dominique im Saal die Federführung übernimmt. Monsieur Inagaki hat sowohl im legendären ›Hôtel du Cap‹ in Antibes als auch bei den Lorain (s. S. 112) im benachbarten Joigny gearbeitet – und mit einem eigenen Restaurant in Cholet sogar einen Michelin-Stern errungen.

Wie ein Schiff liegt die Auberge am Yonne-Kai. Der Saal mit seiner hohen Balkendecke, den Natursteinwänden und Fayenceofen ist aufs angenehmste rustikal, was einen gewissen Chic nicht ausschließt. Weißes Tuch auf den Fauteuils und die mit Seilen ummantelten Lüster fügen einen Hauch Flussschifffahrt hinzu, schließlich schaut man durch die Sprossenfenster auf die Yonne. Im Sommer sitzt man dank Terrasse noch näher am Wasser. Inagakis Küche verrät die gekonnte Hand. Bedingungslos frisch muss alles sein. Eine echte *cuisine du marché* also, bei der die Karte mit dem Marktangebot wechselt (das Mittagsmenü sogar täglich). Inagaki liebt es, Althergebrachtes in leichter Version zu servieren und mit einer Prise Erfindergeist abzuwandeln. Bei einer Poularde im Tonmantel – wir befinden uns in einer Fayence-Region – ist ihm dies ebenso trefflich gelungen wie bei den lauwarmen Wachteln mit Sesam, der Entenstopfleber mit Gewürzbrot oder beim Zander in Pinot Noir – der Rebsorte, die von Auxerre bis Joigny im Weinberg dominiert. Apropos, die Weinkarte bietet eine schöne Gelegenheit, die viel zu wenig bekannten Weine aus Irancy, St-Bris-le-Vineux oder Chitry kennenzulernen.

Auberge du Pot d'Etain

Karte: D5
89440 L'Isle-sur-Serein
24, rue Bouchardat
Tel. 03 86 33 88 10
Kreditkarten: Visa, Master, Euro
Feb. u. 3. Oktoberwoche Betriebsferien,
So abends, Mo außer Juli/ Aug. geschl.
Preiskategorie: Moderat
Hotel: DZ 44–65 €, Frühstück 6,5 €

Anfahrt: A 6 bis Ausfahrt Noyers/
Vézelay (Nr. 21). Auf der D 944 Rich-
tung Vézelay/Joux-la-Ville halten. In
Joux-la-Ville auf die D 11 nach Dis-
sangis/L'Isle-sur-Serein abbiegen. Das
Restaurant liegt im Dorf.

Das Restaurant: Die Herkunft als
ehemalige Postkutschenstation sieht
man dem schmucken Dorfgasthof
kaum noch an. Die Besitzer Catherine
und Alain Pechery haben das mit wildem Wein berankte Gemäuer behutsam nach dem Kauf im Jahr 1988 restauriert. Nur der Torbogen, durch
den es in einen hübsch mit Blumen
gestalteten Innenhof (sommers mit
Terrasse) geht, erinnert noch an die
Zeiten, als Pferdefuhrwerke hier ihre
Gäste ablieferten.

Den glücklichsten Griff haben die
Besitzer mit Didier Robert getan. Der
chef de cuisine versteckt sich am liebs-
ten in seiner Küche hinter Kasserolen
und Pfannen, hätte diese Scheu jedoch
beileibe nicht nötig. Monsieur Robert
ist ein unprätentiöser Zeitgenosse, des-

sen Charakter sich auf der Karte wi-
derspiegelt. Mittlerweile ist auch der
Sohn des Hauses in der Küche tätig –
Fabien machte seine Lehre bei Loiseau
(s. S. 98) in Saulieu und bei Vignaud
(s. S. 108) in Chablis. Im bodenständigen *Menu terroir* ist der Hauptgang
eine Hasenkeule mit Dijon-Senf, das
Dessert ein Birnen-Carpaccio in
Rotwein, zu dem ein Gewürzkuchen-
eis aufgetragen wird. Im großen Menü
›Le Gourmand‹ schlägt Robert als
Entree eine im Leinensäckchen ge-
kochte Stopfleber in Begleitung eines
Salats von Spargelspitzen vor. Beim
Hauptgang dürfte der gegrillte halbe
Hummer mit Hahnenkämmen die in-
teressanteste Wahl sein – die Verbindung von Hoch- und Bauernküche gelingt hier aufs Allerbeste.

Tipp

Das nahe Noyers-sur-Serein (13
km nördl.) lohnt nicht nur wegen
des geschlossen mittelalterlichen
Kerns einen Besuch. Hier produziert der Liqueuriste Robert Guen-
iffey (Rue de la Gare, 10–12.30, 15–
18.30 Uhr, Boutique am Hôtel de
Ville) Hochprozentiges wie *Crème
de Cassis* und Weinbergpfirsichlikör.
Ein weiterer Tipp ist die Charcuterie Denis Paillot wegen der köstlichen Wurstwaren.

In den drei urgemütlichen, kleinen
Speisesälen steht fast immer ein
großer Blumenstrauß, quasi als Gruß
vom Lande. Im vorderen Saal hängt
als Reverenz an den Namen des
Restaurants ein Kupferkessel an der
Decke. Die polierten Antikmöbel versinken im schweren roten Teppichboden, der die Schritte der Kellner
dämpft.

Nicht zu vergessen: ›La Cave de
Chaterine et Alain‹, der Weinkeller
der ›Auberge du Pot d'Etain‹, in dem
Alain Pechery eine stattliche Auswahl
guter Tropfen zum Mitnehmen be-
reithält. Für einen Aligoté Saint-Bris
(Domaine J.-H. Goisot) zahlt man
ganze 6,5 €, für einen Pouilly-Fumé
(Domaine Serge Dagueneau) oder einen Chablis Cuvée reservée (Domaine A. Pautre) nur wenige Euro
mehr. Bei den Roten lohnen der '96er
Irancy Collinot ab 9,5 € oder ein
'96er Ladoix 1er Cru Les Corvées
(Domaine Cornu) zu 15,5 € jeden
Cent.

*Hübsche Fassade, schmackhafte Küche lau-
tet das Rezept der Auberge du Pot d'Etain*

20
La Côte Saint-Jacques

Karte: B3
89300 Joigny
14, faubourg de Paris
Tel. 03 86 87 18 26
Kreditkarten: AmEx, Diners, Visa,
Euro, Master
Weihnachten sowie 2.–30. Jan.
Betriebsferien
Preiskategorie: Teuer
Hotel: DZ 120–252 €, HP 165–180
€, Frühstück 20 €

Anfahrt: A 6 bis Ausfahrt Joigny. Weiter auf der D 943 bis Joigny-Centre. Über die Yonne-Brücke fahren, und auf der anderen Flussseite direkt links auf den Quai du Général Leclerc abbiegen. Das Restaurant liegt nach knapp 500 m dem Fluss gegenüber.

Das Restaurant: Von der Bedeutung der Nationalstraße 6 für die burgundische Spitzengastronomie als Zubringer betuchter Durchreisender in Richtung Süden war schon bei Bernard Loiseau (s. S. 98) die Rede. Im Fall von ›La Côte Saint-Jacques‹ kommt ein weiterer Standortvorteil hinzu – die Nähe zu Paris. Fließt der Verkehr ohne Stau, braucht man von der Hauptstadt ins nördliche Burgund ganze eineinhalb Stunden. So scheint die Adresse – Faubourg de Paris bedeutet Vorort von Paris – nahezu programmatisch.

Seit den 1950er Jahren steht der Name Lorain für zunächst gutbürgerliche Küche, später für *Haute Cuisine*. Den Anfang machte Papa Michel Lorain, gefolgt vom Filius Jean-Michel, der 1986 den dritten Michelin-Stern einheimste, sich heute jedoch mit zweien bescheiden muss. So man bei zwei Sternen über-

Ein Tisch mit Aussicht auf den Fluss

Jean-Michel Lorain verwaltet das kulinarische Erbe seines Vaters

haupt das Wort Bescheidenheit in den Mund zu nehmen gewillt ist.

Zu den Gaumenfreuden, mit denen Lorain sich einen Namen rauf bis nach Paris machte, zählen Austern mit einer kleinen *terrine océane*, eine Schnitte vom Steinbutt (der selbstverständlich mit der Leine aus dem Atlantik gezogen wurde) im Salzmantel mit einer Mandelmilch, eine Schnecken-Galette, Kalbsfüße mit Pfifferlingen, schließlich ein *gaspacho de langoustine* mit Zucchini-Crème sowie leicht krosse Rotbarben und Sardinen mit einer Tomaten-Vinaigrette und Auberginenkaviar. Man sieht auf der Karte, dass Fisch vorn liegt: Der Großmarkt von Rungis, Frankreichs beste Einkaufsquelle vor den Toren von Paris, liegt eben auch nur einen Katzensprung entfernt. Schaut vom himmlischen Garten am Ufer der Yonne aufs Wasser und versinkt in der Weinkarte, die nicht nur bei den Côtes d'Auxerre ihresgleichen im Lande sucht. Hier erweist sich der Name des Restaurant als wegweisend, denn ›La Côte Saint-Jacques‹ heißt die mit Reben bepflanzte Hügelflanke über der Stadt. Apropos: Lorain Senior hat sich aus der Küche seit ein paar Jahren fast ganz zurückgezogen und kümmert sich um den von ihm in Pionierarbeit wieder angepflanzten Weinberg am Hang hinter dem Restaurant: Direkteinkauf vom Weinkauf gegenüber dem Restaurant.

Seit Sommer 2001 ist der neue Saal, Blick aufs Wasser inklusive, vollendet. Mit dem Umbau verschwand auch eine Menge Tand, der den alten Saal flutete, auf dem Speicher. Auch das Hotel ist über die Straße an den Fluss gezogen. In den hocheleganten Zimmer ist man nun vom Durchgangsverkehr der N 6 weitgehend verschont. Alles in allem kann man von einer Wiedergeburt des Traditionshauses sprechen. Gut so.

21

Pierre

Karte: F9
71000 Mâcon
7–9, rue Dufour
Tel. 03 85 38 14 23
Kreditkarten: AmEx, Diners, Euro,
Master, Visa
So abends, Mo, 1.–21. Juli geschlossen
Preiskategorie: Moderat–Gehoben

Nicht Pierre, sondern Christian Gaulin heißt der chef de cuisine im Pierre

Anfahrt: A 6 oder A 40 bis Ausfahrt Mâcon-Nord, Richtung Centre, der Ausschilderung Office de Tourisme/ Parking St-Pierre (dort Parken) folgen. Das Restaurant liegt in einer Straße neben der Kirche St-Pierre.

Das Restaurant: Zwei Hausbreiten nimmt die Terrasse mit der bordeauxroten Markise mittlerweile in der verkehrsberuhigten Rue Dufour ein – deutlicher kann der Beweis für den Zuspruch, den Christian Gaulin genießt, nicht ausfallen. Ein Michelin-Stern adelt seit einiger Zeit die Kochkünste des *chef de cuisine*, der seine Lehrjahre als Sous-Chef unter an-

Tipp

La Maison Mâconnaise des Vins (484, avenue de Lattre-de-Tassigny, tägl. 8–21 Uhr, Tel. 03 85 22 91 11) heißt die Repräsentanz der Winzer aus dem Mâconnais. Zum günstigen Menü (15 €) werden die Weine glasweise angeboten. Eine ideale Gelegenheit, sich durch die prominenten Tropfen der Region – Saint-Véran, Rully, Givry, Prissé, Pouilly-Fuissé, Uzichy – zu probieren.

derem beim großen Greuze in Tournus (s. S. 131) absolviert hat.

Kerzen flackern und leuchten die Natursteinwände heimelig aus. Man sinkt aufs gestreifte Velourspolster nieder. *Rillettes* aus frischen und geräuchertem Lachs, verfeinert mit Anis und Schnittlauch, machen den Anfang. Mit einer *croustade* von schwarzen Trüffeln und Waldpilzen, serviert mit einer Sauce nach Art des Périgord, schweift Gaulin gekonnt in den französischen Südwesten ab. Mit einem Schokoladendom, zu dem die enthäuteten Orangen und ein Karamellguss vortrefflich passen, kehrt er zwar nicht unbedingt nach Burgund zurück, beweist sich jedoch als Meister der *Haute Cuisine*. Selbstverständlich beherrscht Gaulin auch das ABC der burgundischen Küche von Schnecken über Charolais-Tournedos bis hin zu Hechtklößchen. Am besten gefiel freilich die frische *foie gras* mit schwarzen Johannisbeeren aus der Pfanne, zu der eine Feigenmarmelade gereicht wird. Für das legendäre Soufflé mit Grand Marnier blieb indes kein Platz mehr. Halt, eins noch: Dass bei den Weinen die Tropfen des Mâconnais in großer Auswahl auf der Karte stehen, versteht sich von selbst.

22

Le Saint-Laurent

Karte: F9
01620 Saint-Laurent-sur-Saône
1, quai Bouchacourt
Tel. 03 85 39 29 19
Kreditkarten: AmEx, Diners, Euro,
Master, Visa
Tägl. geöffnet
Preiskategorie: Günstig (mittags)–
Moderat

Anfahrt: A 6 oder A 40 bis Ausfahrt
Mâcon-Nord, Richtung Centre, dort
über die Saône-Brücke Richtung
Bourg-en-Bresse fahren. Direkt hinter der Brücke links und sofort noch
einmal links abbiegen: Man ist nun
am Saône-Ufer, wo das Restaurant direkt an der Brücke liegt.

Das Restaurant: Der große, für französische Gourmets fast gottgleiche
Georges Blanc (und damit drei
Michelin-Sterne sowie 19 Punkte im
Gault Millau) stehen hinter diesem
sympathischen Bistro. Das bürgt erstens für Bresse-Huhn auf der Karte
(Blancs kulinarisches Flaggschiffres-
taurant befindet sich im nahen Bresse-
Städtchen Vonnas), zweitens für illus-
tre Gäste. Als da wären Michail Gorbatschow und François Mitterrand,
die hier zum Meinungsaustausch bei
Tisch saßen. Mitterands Menüwahl
hängt übrigens an der Wand.

Auch ohne diese Referenzen erweist sich eine Reservierung im
›Saint-Laurent‹ als kluge Entscheidung. Man sitzt sommers am verkehrsberuhigten Kai hübsch auf der
Terrasse, wenn's kühler wird im weiten Saal und schaut auf die Saône. Am
gegenüberliegenden Ufer spiegelt

sich die Silhouette von Mâcon im
Wasser. Eine ›Cuisine marinière du
Val de Saône‹ kündigt die Karte an.
Gemeint sind mit der ›Flussküche des
Saône-Tals‹ natürlich Zander, Froschschenkel oder Bresse-Huhn in Sahnesauce, aber auch ein *parmentier de
queue de bœuf* oder Schweinerippchen
mit würziger Glasur. Die Karte wechselt je nach Saison.

Was die Küche gerade vorschlägt,
entnimmt man einer Schiefertafel. So
gehört es sich für ein ordentliches
Bistro, ebenso wie der weitläufige Saal
mit schwarzweißem Kachelboden und
ein paar intime Ecken mit grüner
Kunstlederbank zur Wand. Nicht zu
vergessen: Bestellungen werden bis
22.30 Uhr angenommen.

Auf der Weinkarte überzeugt die
Auswahl an Pouilly-Fuissé, aber die
Nähe zum Beaujolais verpflichtet
natürlich zu Seitensprüngen – die
man gerne mitmacht, zumal die Preise
bodenständig bleiben.

Die ganze Stadt auf einen Blick be-
kommt man im Saint-Laurent serviert

23

Le Valclair
(Hôtel de la Gare)

Karte: E9
71800 La Clayette
Avenue de la Gare
Tel. 03 85 28 01 65
Kreditkarten: Euro, Master, Visa
So abends, Mo Ruhetag
Preiskategorie: Günstig (mittags)–
Moderat
Hotel: DZ ab 42 €

Anfahrt: A 6 bis Ausfahrt Mâcon-Sud,
Richtung Charolles, Paray-le-Monial.
In Charolles auf die D 985 nach La
Clayette, dort Richtung Gare (Bahn-
hof), Chauffailles. Das Restaurant
liegt an der Kreuzung D 989/D 985.

Das Restaurant: Das ›Valclair‹ ist das
Restaurant des ›Hôtel de la Gare‹.
›Bahnhofshotel‹ mag sich unroman-
tisch anhören, und von außen macht
der Bau auch nicht viel her. Der Clou
ist jedoch der Garten inklusive Pool

und Restaurantterrasse auf der Rückseite, wo man ausgesprochen nett
sitzt. Wichtiger ist freilich, dass der
chef de cuisine aus Lyon stammt – in
dieser Stadt gehört gutes Essen zum
guten Ton. Eric Pignot ging obendrein bei den großen Köchen seiner
Heimatstadt in die Lehre – Bocuse,
um nur einen zu nennen.

Beides spiegelt sich auf der Karte
wieder. Denn schon im kleinen Menü
(16 €) steht mit einer Wildschwein-
terrine mit Nüssen ein Hausmacher-
gericht im Angebot, dessen Deftigkeit
an die Küche eines Lyoner Bouchon
erinnert. Im Menü zu 23 € geht es mit
einem Panaché von Meeresfischen, einer Art Bouillabaisse, weiter, die in
Burgund überraschen mag – jedoch
sehr gelungen auf den Tisch kommt.
Bodenhaftung beweist Pignot dann mit
einem *filet de bœuf aux morilles* (Filet mit
Morcheln) – wir sind an der Grenze
von Charollais und Brionnais, der französischen Fleischregion schlechthin.

P.S.: Pignots Ehefrau Monika
stammt aus dem Westerwald – wer
Übersetzungsprobleme hat, kann un-
besorgt um Hilfe bitten.

Hachenburg meets Lyon – im Valcair

24
Hôtel de la Poste

Karte: E9
71120 Charolles
2, avenue de la Libération
Tel. 03 85 24 11 32
Kreditkarten: Euro, Master, Visa
So abends, Mo, Mitte Nov.–1. Dez.
geschlossen
Preiskategorie: Günstig (mittags)–
Gehoben

*Wie der Vater so der Sohn: Frédéric Dou-
cet, chef de cuisine in zweiter Generation*

Anfahrt: A 6 bis Ausfahrt Mâcon-Sud.
Richtung Charolles, Paray-le-Monial
halten. Das Restaurant liegt direkt neben der Kirche (Parkplatz), an der
Straße nach Paray-le-Monial.

Das Restaurant: Zwar erfreut sich
Daniel Doucet dem Vernehmen nach
bester Gesundheit, doch zum Nach-
folger in der Küche des legendären
›Hôtel de la Poste‹ wurde derweil
Sohn Frédéric ausgerufen. Doucet
Junior tritt ein schweres Erbe an,
braucht sich freilich nicht zu ver-
stecken. Mit Bocuse und den Troisgros kann er große Lehrmeister nennen und mit dem begabten Vater auf
tatkräftige Unterstützung bauen,
wenn einmal Not am Mann ist.
    Der ›neue‹ Doucet in der Küche
bleibt dem kulinarischen Erbe seiner
Heimat treu. Die *côte de bœuf charolaise* gehört dazu, die einmal mit einer
sauce bordelaise, einmal mit Schalotten
auf den Tisch kommt. Gebraten wurde das Fleisch auf einer gusseisernen
Platte, wie auch das *faux-filet* mit gro-
bem Meersalz aus Guérande. Im *Menu
régional* (29 €) wählt man zwischen
Schneckentartelette mit einem Sud
von Schweinsfüßchen und Champag-
neressig, einem mit Butter zubereite-

ten *faux-filet*, Lammkarree mit einge-
legtem Knoblauch oder Perlhuhnfri-
kassee mit Morcheln. Wer dann noch
kann: Die Käseplatte ist in Qualität
und Reifegrad überwältigend.
    Der Saal ist im angenehmen Sinn
des Wortes durch und durch bürger-
lich gestaltet. Im Sommer nimmt man
das Mahl draußen auf der Terrasse unter Ahornbäumen und wildem Wein
ein. Apropos Wein: Sich ohne fach-
kundige Beratung durch die herrliche
Weinkarte zu lesen, sollte man Ken-
nern überlassen. Wer sich weniger gut
bei den Burgundern auskennt, wird
sehr kundig und freundlich beraten.

Tipp

Das **Institut Charolais** versteht sich
als Botschafter des wohl berühmtesten Rinds der Welt (Route Centre
Europe Atlantique, N 79, Tel. 03 85
88 04 00). Gezeigt wird im interak-
tiven Museum alles über das Charolais-Rind, auch wie man das
Fleisch optimal brät (inklusive
Verköstigung). Vom Turm überblickt man die Berge ringsherum
(tägl. 10–18, Okt.–Mai Di geschl.).

117

25

Larochette Aubergiste

Karte: E9
71630 Bourgvilain
Tel. 03 85 50 81 73
Kreditkarten: Euro, Master, Visa
So abends, Mo, Mitte Feb.–Mitte
März geschlossen
Preiskategorie: Günstig–Moderat

Anfahrt: A 6 bis Ausfahrt Mâcon-Sud, Richtung Charolles, Paray-le-Monial (N 79). Nach ca. 20 km auf die D 22 Richtung Bourgvilain/St-Point. Das Restaurant liegt gegenüber der Kirche.

Das Restaurant: Auf der einen Straßenseite stehen Kirche und Kriegerdenkmal, auf der andere Seite unser Restaurant: ›Larochette Aubergiste‹ ist zweifellos ein echter Dorfgasthof. Die Straße ist so still, dass die Gartenterrasse ebenfalls auf der Seite von Kirche und Kriegerdenkmal liegt.

François Mitterand hat hier gesessen, als er von einer seiner Pfingstwanderungen auf die nahe Roche de Solutré mit großem Tross in Bourgvilain einkehrte. An die Begebenheit erinnern ein paar Fotos. Ansonsten bleibt im ›Larochette‹ die Kirche im Dorf. Der Besitzer, Monsieur Bonin, verschreibt seinen Gästen eine klassische Landküche mit deftiger Note. An die Pilze und das Gemüsegratin kommt eine ordentliche Portion Schmand. Die Ententerrine wiegt schwer. Der Lammbraten wird in großzügigen Portionen serviert. Kalorien zählen sollte man ein anderes Mal. Hier wird gegessen wie in der *France profonde*, ohne Schnörkel. Den Hauswein gibt's dazu offen in der Karaffe.

Während man noch am köstlichen hausgemachten Blaubeerkuchen nascht, ist die Zeit ganz unmerklich vorangeschritten. Ein Schlagen der Wanduhr erinnert daran, dass es Zeit wird, zu gehen. Um vielleicht bald wiederzukommen, was angesichts der Preise nicht wehtut. Das erste Menü kostet ganze 12,5 €, und mit dem Menü zu 32 € ist die Spitze erreicht.

Never change a winning team: die Equipe im Larochette Aubergiste

26

Le Commerce

Karte: E8
71460 Joncy
Tel. 03 85 96 27 20
Kreditkarten: Euro, Master, Visa
Mi Ruhetag, zwei Wochen Anfang
Jan. und zwei Wochen Anfang Okt.
Betriebsferien
Preiskategorie: Günstig–Moderat
Hotel: DZ 36–46 €

Die sonnigsten Tische stehen im Hof

Anfahrt: A 6 bis Ausfahrt Chalons-sur-Saône-Sud, Richtung Le Creusot/Monceau-les-Mines (N 80). Nach ca. 9 km auf die D 981 Richtung Buxy wechseln. Von Buxy über die D 977 nach Montagny-lès-Buxy, von dort weiter über die D 983 bis Joncy. Das Restaurant liegt an der Ortsdurchfahrt.

Das Restaurant: Kein Restaurantführer verzeichnet das Restaurant im ›Hôtel des Commerce‹. So war es eine durch einen Hotelier im Mâconnais ausgesprochene Empfehlung, auf die kurz darauf die zweite von einem Standeskollegen folgte, die zum Essen nach Joncy führte. Das Dorf unweit des Mont Saint-Vincent hat ein Schloss, eine Mairie und an der Durchgangsstraße ein Logis-de-France-Hotel – eben ›Le Commerce‹. Seit Generationen schalten und walten die Lepeltier im Haus. Doch erst seit wenigen Jahren ist von den meisten Durchreisenden unbemerkt im Hof ein neuer, lichter Restaurantsaal angebaut worden. Im Sommer wird ebenfalls im Hof eine Terrasse aufgemacht. Ins Restaurant geht es nicht mehr wie einst durchs Hotel, sondern durch einen gesonderten Eingang im Hof. Abgesehen vom Hinweisschild

zum ›Entrée du Restaurant‹ ist von der Straße von alledem nichts zu erahnen.

Wichtiger aber ist, dass mit den Baumaßnahmen auch in der Küche ein neuer Ehrgeiz eingezogen ist. Bodenständig zu kochen wusste man bei den Lepeletier schon immer. Nun jedoch kommen zu Klassikern wie einem *filet de bœuf charolais* mit jungem Gemüse und Streifen von *foie gras* (nebenbei: Es kam so *à point* wie nur möglich auf den Tisch) auch Jakobsmuscheln mit schwarzen Oliven oder ein Hähnchen aus Freilandhaltung mit Pfifferlingen und hausgemachten Nudeln auf den Teller. Ein anderes Mal erfreuten Hechtklößchen mit einer Sauce von Schalentieren den Gaumen. Solche Rezepte weisen untrügerisch den Weg von der deftigen Landküche in Richtung *cuisine*.

Man darf beim ›Commerce‹ getrost von einem kleinen, kulinarischen Wunder sprechen, zu dem die französische Provinz immer wieder mal fähig ist. Geblieben sind ein unbemüht herzlicher Empfang und die familiäre Atmosphäre die die Häuser der Logis-de-France-Vereinigung oft auszeichnet. Noch eins: Bei den Preisen bleibt ›Le Commerce‹ auf dem Niveau eines Dorfgasthofs.

119

27

Au Pouilly-Fuissé

Karte: F10
71960 Fuissé
Tel. 03 85 35 60 68
Kreditkarten: Euro, Master, Visa
Mi, So abends, Aug. geschlossen
Preiskategorie: Günstig–Moderat

Anfahrt: A 6 bis Ausfahrt Mâcon-Sud. Richtung Charolles, Paray-le-Monial (N 79). Nach ca. 5 km auf die D 209 Richtung Fuissé abbiegen. Das Restaurant liegt unterhalb der Kirche.

Das Restaurant: Das Dorf Fuissé ertrinkt in den Weinbergen. Selbst die Kirche wird bis fast an die Grundmauern von Reben bestürmt. Etwas entfernt steht ein rustikales Gemäuer mit grünen Läden, dessen Name dem weltberühmten Cru Rechnung trägt: ›Au Pouilly-Fuissé‹. Das Restaurant von Dominique und Eric Point ist eine kulinarische Bastion an der touristischen Route de Vin. Es liegt zudem

nur 7 km außerhalb von Mâcon und ist entsprechend beliebt bei Geschäftsleuten aus der Stadt. Der geselligen Atmosphäre tut's keinen Abbruch. Dafür sorgt schon der freundliche Saal, dessen bodentiefe Fenster nach hinten auf den Garten mit Platanen und viel Grün gehen – im Sommer sitzt man draußen. Vorn kommt ein kleiner, rustikalerer Saal hinzu.

Nomen est omen: Auf der Weinkarte stehen die lokalen Weine ganz oben. Eine repräsentative Auswahl wird sogar glasweise zu knapp 5 € ausgeschenkt. Die Karte verweist selbstbewusst auf die Ursprünge eines Dorfrestaurants. Nur etwas raffinierter zubereitet kommen die deftigen *andouillettes* (Bratwürste mit Innereien und einem Schuss Cassis, aus Nuits-St-Georges versteht sich) auf den Teller. Auch Froschschenkel, Zanderfilet in heller Buttersauce und Bresse-Huhn gehören zum kulinarischen Repertoire der Region, doch hier sind alle Gerichte außergewöhnlich schmackhaft. Was nicht zuletzt an den erstklassigen Produkten liegt.

An diesem Tisch sollte kein Weg über die Route des Vins vorbei führen

28
Relais du Mâconnais

Karte: F9
71960 Berzé-la-Ville
Ortsteil La Croix-Blanche, D 17
Tel. 03 85 36 60 72
Kreditkarten: Euro, Master, Visa
So abends, Mo, Jan., 2. Oktoberwoche
geschlossen
Preiskategorie: Moderat–Gehoben
Hotel: DZ 49–61, Suite 76–84 €

Messieurs Lanuel, Küchenchefs de ›père en fils‹

Anfahrt: A 6 bis Ausfahrt Mâcon-Sud, Richtung Charolles, Paray-le-Monial (N 79). Nach ca. 10 km auf die D 17 Richtung La Roche Vineuse, Berzé-le-Chatel abbiegen. Das Restaurant liegt im Ortsteil La Croix-Blanche rechts an der Durchfahrtsstraße.

Das Restaurant: In der Familie Lannuel scheint die Gabe des Kochens genetisch bedingt zu sein. Man ist *chef de cuisine de père en fils*, vom Vater auf den Sohn, und das seit vier Generationen. Mit Christian dem Älteren und Arnaud dem Jüngeren stehen die aktuellen Statthalter der Kochdynastie am Herd. Manchen scheint die Küchenphilosophie des ›Relais du Mâconnais‹ zu wertkonservativ. Seit 20 Jahren hätte sich nicht viel getan beim Zander in weißem Mâcon-Wein oder bei der lauwarmen Wachtelterrine mit Wacholder, mäkelt ein französischer Gourmetführer. Einspruch! Was soll falsch daran sein, wenn eine Familie von Köchen sich auf die *Cuisine traditionelle* eingeschworen hat? Im ›Relais du Mâconnais‹ überlässt man kulinarische Experimente bewusst anderen, um sich auf das burgundische Rezepterbe zu konzentrieren. Das Ergebnis kann sich sehen oder besser gesagt rie-

chen lassen. ›Riechen, um sich Inspirieren zu lassen‹ lautet die Philosophie von Christian Lannuel. Konkret bedeutet das: Was der Nase des *chef de cuisine* auf dem Markt nicht zusagt, kommt nicht auf die Karte. Übrigens auch nicht in den Keller, wobei kaum betont zu werden braucht, dass auf der Weinkarte die Winzer aus dem Mâconnais besonders reich vertreten sind.

Variiert wird freilich mit den burgundischen Klassikern. Das Filet vom Charolais-Rind begleitet eine Meurette-Sauce, wie man sie normalerweise zu *œufs pochés* serviert. Beim gebratenen Täubchen dienen die Innereien als Füllung der Ravioli-Beilage. Wer auf Fisch umsteigen möchte, ist hier an der richtigen Adresse: Der bretonische Hummer mit Lakritzjus oder der Seebarsch aus Leinenfang werden genauso meisterhaft zubereitet wie eine *queue de bœuf* und Weinbergschnecken. Feierlich wird es, wenn der Dessertwagen durch den eleganten, im Louis XIII-Stil gehaltenen Saal an den Tisch rollt. Unser Tipp: Der *Majestic au chocolat*, eine Art dunkler Schokoladenkuchen, hat noch nie seine Wirkung verfehlt.

29

Ferme Auberge
de Lavaux

Karte: E9
71800 Châtenay
D 300
Tel. 03 85 28 08 48
Kreditkarten: Visa, Euro, Master
Ostern–Allerheiligen geöffnet, Di
Ruhetag
Preiskategorie: Günstig
Chambres d'hôtes: DZ 46–55 €

Paulette Gelin, die stolze Herrin der
Ferme Auberge de Lavaux

Anfahrt: A 6 bis Ausfahrt Mâcon-Sud. Richtung Charolles, Paray-le-Monial (N 79), nach ca. 27 km auf die D 987 Richtung Matour, La Clayette, kurz vor La Clayette rechts auf die D 300 Richtung Châtenay. Auf der D 300 bleiben, Dorf durchfahren und der Ausschilderung der Ferme Auberge folgen.

Das Restaurant: Eine stattliche Herde Charolais-Rinder nennen Paul und Paulette Gelin ihr eigen. Außerdem Enten, Gänse, Hühner. Der Sohn hat sich in der Nähe als Charcutier niedergelassen. Nachschubprobleme muss man als Gast folglich nicht befürchten. Auch alles andere, was in den immerhin sechs Menüs (11–19,5 €) vorgeschlagen wird, stammt wenn nicht vom eigenen Hof, dann vom Bauern nebenan. So schreibt es die Charta der Landwirtschaftskammer vor.

Die stattliche, von einem hohen Tor, zwei Türmen und dicken Natursteinmauern geschützte ›Ferme des Lavaux‹ mitten in den lieblichen Gefilden des Brionnais war vor über zehn Jahren einer der ersten Höfe, auf denen man sich auf das Abenteuer eingelassen hat, Gäste zu bewirten.

Ein großer Saal in einem Seitengebäude wurde hergerichtet. Tonfliesenboden, lange Holztische, Stühle mit Sitzflächen aus Strohgeflecht, ein Kamin, Feldblumen auf dem Tisch und Ochsengespanne an der Wand, dazu ein offenes Zwischengeschoss mit Holzgeländer und Dielen wirken auf den ersten Blick einladend. Wenn die Gelins hier auftragen, dann gewaltig. Selbst das ›kleine‹ *cassecroûte campagnard* (11 €) macht mit einem köstlichen Charcuterieteller, dem deftigen Omelette mit Speck und Kräutern, Käse und Kuchen in jedem Fall satt. Richtig zur Sache geht es jedoch erst, wenn man ein *poulet à la crème* mit Pilzen, Jungente mit Gemüsebeilage oder eine *entrecôte charolaise* bestellt. Jetzt braucht man wirklich Zeit, denn das Schmausen wird ein paar Stündchen beanspruchen.

Für die Kleinen stehen derweil Spielgeräte bereit. Auch im Stall oder auf der Koppel bei den Pferden sind sie willkommen. Paul und Paulette sind reizende Gastgeber, nicht nur für den Leib, sondern auch für die Seele, die hier automatisch zu baumeln beginnt.

30

Ferme Auberge
des Collines

Karte: D9
71800 Amanzé
Le Château
Tel. 03 85 70 66 34
Kreditkarten: Visa, Euro, Master
Ostern–Allerheiligen geöffnet. Nur Sa
abends, So sowie Feiertage mittags
Preiskategorie: Günstig
Chambres d'hôtes: 42,7 €

Anfahrt: A 6 bis Ausfahrt Mâcon-Sud,
Richtung Charolles, Paray-le-Monial.
In Charolles auf die D 985 Richtung
La Clayette, nach ca. 10 km in St-
Germain-en-Brionnais rechts nach
Amanzé abbiegen. Die Ferme Au-
berge befindet sich im Schloss.

Das Restaurant: In der Wiese stehen
Walnussbäume. Vom Hof schweift
der Blick über die Hügel des Brionnais, die der ›Ferme Auberge des Collines‹ ihren Namen gaben – ›Colline‹
bedeutet Hügel. Amanzé ist eher ein
Weiler als ein Dorf mit einigen ver-
streuten Höfen. Willkommen zu den
trägen Wonnen der Provinz.

Der Natursteinbau, in dem der
Tisch gedeckt wird, ist Teil einer Burg
aus dem 12.–15. Jh., deren Dependenzen sich um einen weiten Hof
gruppieren. Hinein geht es durch den
Taubenturm, dem sichtbarsten Relikt
alter Feudalherrlichkeit. Der Rest ist
durch und durch bäuerlich: von den
langen Tischen, dem Ochsenjoch an
der Wand bis zu den Speisen. *Potée
bourguignonne*, eine Art Gemüsesuppe,
lecker und sämig, *pot au Feu*, ein deftiger Eintopf, *tourte au jambon de campagne*, Landschinken im Teigmantel,
poulet à la crème, Hähnchen in Sahnesauce… Voller Stolz betonen Philippe
und Marie-Christine Paperin, dass alles vom eigenen Hof stammt. Und genau so schmeckt es, unverfälscht und
wie direkt von der Wiese, wo die
Charolais-Rinder der Paperin grasen.

Um die Betreuung ihrer Gäste machen Philippe und Marie-Christine
nicht viel Federlesens, jedenfalls be-
haupten sie das: ›Wir begrüßen jeden
Gast wie einen Freund‹. So einfach ist
das schon.

So einladend kann das Ziel einer Landpartie durchs Brionnais aussehen

31

Restaurant La Fontaine

Über die Saaldekoration lässt sich streiten, über die Küche der Fontaine nicht

Karte: D10
71740 Châteauneuf
Tel. 03 85 26 26 87
Kreditkarten: AmEx, Visa, Euro, Master
Di abends, Mi, Okt.–März auch So abends Ruhetag, Anfang Jan.–Anfang Feb. Betriebsferien
Preiskategorie: Günstig–Gehoben

Anfahrt: A 6 bis Ausfahrt Mâcon-Sud, Richtung Charolles, Paray-le-Monial. In Charolles auf die D 985 Richtung La Clayette/Chauffailles, ca 4 km hinter La Clayette in La Chapelle-sous-Dun auf die D 987 nach Châteauneuf abbiegen. Das Restaurant liegt am Ortseingang links (Kreuzung D 8 nach Chauffailles).

Das Restaurant: Tief im Süden Burgunds, dort, wo das Brionnais unmerklich ins Roannais übergeht, betritt man kulinarisches Niemandsland. Die Dörfer sind hübsch, die Landschaft wie im Bilderbuch, allein, es fehlt an guten Köchen, fast jedenfalls. Denn Yves Jury hält das Fähnchen der burgundischen Küche aufrecht. ›La Fontaine‹, zu deutsch ›der Brunnen‹, heißt die Quelle, an der die dürstende kulinarische Seele Erlösung findet.

An der Fassade breitet sich eine Glyzinie aus. Den Saal dahinter, der einmal eine Weberei war, hat ein passionierter Mosaikfreund Steinchen um Steinchen dekoriert, bis das Ganze ein bisschen so aussah wie der Park Güell von Gaudí in Barcelona – bunt und skurril. Dann kamen Yves und Anne Jury und beschlossen hier ein Restaurant zu eröffnen. Was die beste Idee seit der Grundsteinlegung war. So weit zur Geschichte des Hauses.

Jury hat erstens kulinarische Leidenschaft und zweitens ein unbestechliches Gefühl für *le juste milieu*, dafür, was zusammenpasst und in welcher Dosierung. Beides beweist sich etwa bei einer herrlich erfrischenden Suppe von roten Früchten mit Estragon, einer cremigen Maronensuppe mit Gambas, oder den Froschschenkeln mit Erbsenpüree. Dass Jury obendrein ein Meister exakter Garzeiten ist, erweist sich bei der *assiette charolaise en trois cuissons* (17,53 €) – *filet*, *queue de bœuf* und *paleron* (Schulterstück) kommen perfekt gegart auf den Tisch.

Ein Letztes: Jury ist ein bedingungsloser Verfechter des Prinzips ›fait maison‹. Hausgemacht bedeutet zum Beispiel, dass er die *foie gras* persönlich in einem Leinensäckchen kocht. So sollte es sein. Wie es weitergeht in Châteauneuf? Soviel ist sicher: In der ›Fontaine‹ kocht sich jemand in die französische Küchenoberliga.

32
Christian Mabeau

Karte: E/F10
69460 Odenas
Le Bourg (D 43)
Tel. 04 74 03 41 79
Kreditkarten: Master, Visa, Eurocard
So abends, Mo Ruhetag
Preiskategorie: Moderat–Gehoben

Anfahrt: A 6 bis Ausfahrt Belleville, Richtung Beaujeu, St-Lager (D 37). Im Kreisverkehr am Ortseingang von Cercié der Ausschilderung St-Lager, Odenas folgen. Das Restaurant liegt mitten in Odenas an der D 43 auf der linken Seite (Parkplatz).

Das Restaurant: Odenas, wo das Restaurant von Christian Mabeau beheimatet ist, liegt bereits in der Region Rhône-Alpes. Da es aber gang und gäbe ist, die Weine des Beaujolais mit denen von Burgund abzuhandeln (ungerecht, gewiss), das Dorf zudem nur einen Katzensprung von Mâcon entfernt ist, machen wir eine Ausnahme… Um ganz ehrlich zu sein, weniger aus genannten Gründen als wegen der Küche dieses *chef de cuisine*. Denn die wäre weitaus größere Umwege und gewichtigere Ausschweife wert.

Es gibt Gäste, die sich am etwas abenteuerlichen Weg an der Küche vorbei hinaus auf die Terrasse stoßen. Uns stören die dabei gewährten Einblicke nicht. Und bitte: Herrlich sitzt es sich hier, wenn in den ersten Frühlingstagen die Terrasse hinter dem Haus aufgemacht wird. Nach hinten schaut man auf Weinberge und sonst nichts. Der Tisch des familiären Restaurants ist hübsch eingedeckt, lachsfarbenes Linnen, die gestärkten Servietten in Fächerform aufgebaut. Soviel Beschränkung auf das Wichtigste wünschte man sich auch im Saal, wo die Tischdekoration manchmal etwas zu überladen ausfällt.

Christian Mabeau hat sein Handwerk im fernen Paris bei den Großen seiner Zunft gelernt. Auf den Punkt gegart ist bei dem jungen *chef de cuisine* kein leeres Wort, sondern Versprechen. Bei den Hausspezialitäten bleibt er der Region treu. Die Froschschenkel aus der Pfanne sind selbstverständlich frisch und stammen aus den Teichen der nahen Dombes. Kalbsleber mit Schalotten sowie Rinderfilet in Rotweinsauce weisen ins Burgund, wenn auch zur Sauce ein Côte de Brouilly von den nahen Beaujolais-Weinbergen gewählt wurde.

Dass Mabeau sich auch gekonnt auf Experimente einzulassen vermag, beweisen seine himmlischen Jakobsmuscheln mit einem Schuss Noilly-Wein. Bei den Weinen empfiehlt er ansonsten gern einen der viel zu unbekannten zehn Cru des Beaujolais. Freunde von raren Tropfen finden zudem einige der wenigen Weißweine des Beaujolais auf der Karte.

Le Beaujolais est arrivé: Christian Mabeau hat's als Koch geschafft

33
Le Manoir de Sornat

Karte: C8
71140 Bourbon-Lancy
Allée de Sornat
Tel. 03 85 89 17 39
Kreditkarten: AmEx, Visa, Euro, Master
Mo, Di mittags Ruhetag, Anfang Jan. bis Mitte Feb. Betriebsferien
Preiskategorie: Moderat–Gehoben
Hotel: DZ 57–122 €

Anfahrt: A 6 bis Ausfahrt Chalons-sur-Saône-Sud, Richtung Le Creuset/Montceau-les-Mines halten. Über die N 80/N 70 bis zum Abzweig der D 60 Richtung Gueugnon/Bourbon-Lancy fahren. In Bourbon-Lancy der Ausschilderung Moulins folgen (D 973). An der Ausfallstraße zweigt rechts die Allee zum Restaurant ab (ausgeschildert).

Das Restaurant: Die Ausfallstraße nach Moulins ist nicht gerade das, was man unter einer Landpartie versteht. Links und rechts reihen sich die kleinen Industriebetriebe von Bourbon-Lancy. Aber nur ein Schwenk auf die Allée de Sornat genügt, und man hat die unschöne Seite der Bäderstadt bereits vergessen. Der Wagen rollt schließlich durch einen herrschaftlichen Park auf eine *folie* der Belle Époque zu. Hat man doch schon einmal irgendwo gesehen, dieses fragile Fachwerk, die spitzen Türme… Richtig genau so aufgetakelt wie der ›Manoir de Sornat‹ sehen die Strandvillen an der normannischen Küste aus. Genau dort hat sich vor gut hundert Jahren ein pensionierter Kolonialoffizier dazu inspirieren lassen, ein ähn-

lich verspieltes Cottage im tiefsten Burgund errichten zu lassen. Ende der 1980er Jahre übernahm Gérard Rymond mit seiner Frau Suzanne das Anwesen. Fast ebenso lange leuchtet ein Michelin-Stern über Bourbon-Lancy.

Überraschend wie der fremdartige Bau ist auch Raymonds Küche. Die Einflüsse weisen ans Mittelmeer und darüber hinaus nach Asien. Langustinen packt er in Krapfenteig. Zur Kalbsroulade mit *foie gras* reicht er ein Tomatenchuteney. Das Täubchen wird mit chinesischen Gewürzen, kandierten Zitronen und Oliven aus Nizza kombiniert. An Inspirationen und ihrer hellsichtigen Umsetzung scheint es Raymond niemals zu mangeln. Beim letzten Besuch verblüffte beim Dessert ein Rosmarinsorbet mit einer Marmelade von Aprikosen und einer Crème von grünem Tee, über dem ein hauchdünnes *pain d'épices* schwebte.

Raymond ist ein reiselustiger *chef de cuisine*, dem kein Ziel zu weit ist, wenn er sich neue Geschmäcker davon verspricht. Der vornehme Saal wurde jüngst neu gestaltet. Die Boiserien sind jetzt gelb lackiert, was das wunderschöne alte Parkett um so mehr betont. An den Wänden hängen die Kopien berühmter Impressionisten: Die Inspiration dazu haben sich Monsieur und Madame Raymond im Musée d'Orsay zu Paris geholt. Der Saal wirkt nun wesentlich lichter als zuvor. Auch Gérard Rymonds Küche scheint sich weiterentwickelt zu haben. So wird ein Essen im Manoir de Sornat leicht zu einer Reise ins Licht.

Deauville? Etretat? Falsch!
Der Manoir de Sornat in Bourbon-Lancy.

34
Auberge
de la Poule Noire

Karte: A6
58400 La Charité-sur-Loire
9, place des Pêcheurs
Tel. 03 86 70 10 71
Kreditkarten: Visa, Euro, Master
Tägl. geöffnet
Preiskategorie: Moderat

Anfahrt: A 77 bis Cosne-sur-Loire, die dort in die N 7 übergeht (Richtung Nevers). In La Charité-sur-Loire Richtung Centre/Abbaye. Das Restaurant liegt direkt an der Abtei.

Das Restaurant: In La Charité-sur-Loire kommt man unweigerlich an der ›Auberge de la Poule Noire‹ vorbei. Denn in das Städtchen am Loire-Ufer reist man, um die grandiosen Überreste der Abtei zu besichtigen. Zu denen gehört das denkmalgeschützte Haus direkt zu ihren Füßen. Von der Terrasse neben der spätgotischen Tordurchfahrt schaut man auf

Die ›Schwarze Henne‹ gluckt am Tor zur Abtei

›Le Cellier du Gôut‹ (10, cour du Château, Mo–Fr 9–12, 14–18 Uhr) heißt eine Ausstellung in einem alten Klostergewölbe, mit der die Landwirtschaftskammer des Départements Nièvre gastronomisch Flagge zeigt. Neben einer Kulturgeschichte des Geschmacks werden die Produkte der Region vorgestellt.

das Westwerk der Kirche und kann sich bei Tisch seinen kunstgeschichtlichen Interessen widmen. Innen verblüfft ein außergewöhnlich schöner Speisesaal, der im 16. Jh. zum Torbau der Abtei gehörte. ›La Poule Noire‹, die schwarze Henne, heißt das Restaurant übrigens seit 1880. Vermutlich hat der damalige Besitzer, ein entschiedener Gegner der Kirche, den Namen als antiklerikales Programm gewählt: Die schwarze Henne galt im Mittelalter als Inkarnation des Teufels.

Auf der Karte überraschen gewagte Kompositionen wie etwa ein Seebarsch in einer Fourme d'Ambert-Sauce (Blauschimmelkäse aus der Auvergne). Aber es mundet sehr gut, und unbekannt ist die Mischung von Fisch und Blauschimmelkäse im Loire-Tal nicht: Aal in Roquefort-Sauce gehört weiter westlich zu den kulinarischen Klassikern. Das Nivernais betrachtet Fréderic Benzerga ohnehin als zu eng gesteckten Küchenhorizont. In der Regel gelingt ihm der Blick über den regionalen Topfrand hinaus, etwa bei der gegrillten Scholle mit Veilchen. Ebenfalls gelungen: die Klassiker aus dem Nivernais, Schnecken in Petersilie, *rillettes* vom Lachs oder mit Walnussöl beträufelter ein Zander.

35
Le Coq Hardi
(Le Relais Fleuri)

Gallischer Hahn rechts, Chef de cuisine mit Schnäuzer links

Karte: A6
58150 Pouilly-sur-Loire
42, avenue de la Tuilerie
Tel. 03 86 39 12 99
Kreditkarten: AmEx, Diners, Visa,
Euro, Master
Di abends, Okt.–April auch Mi Ruhetag,
Mitte Dez.–Mitte Jan. Betriebsferien
Preiskategorie: Günstig–Moderat
Hotel: DZ 56–75 €, Frühstück 8,5 €

Anfahrt: A 77 bis Cosne-sur-Loire, die dort in die N 7 übergeht (Richtung Nevers). In Pouilly-sur-Loire liegt das Restaurant etwas außerhalb an der alten Dorfstraße in Richtung La Charité-sur-Loire, mit dem Rücken zur Loire.

Das Restaurant: Das hübsche Pouilly-sur-Loire ist seit Generationen ein beliebtes Ausflugsziel für stadtmüde Pariser. Man kann wunderbar am Loire-Deich entlangspazieren, an dem ein Schild davon kündet, dass man genau auf der Hälfte des Stromes steht. Doch vor allem kann man in Pouilly vortrefflich speisen, und dies im ›Coq Hardi‹ bereits seit Ewigkeiten.

Die Lage des schmucken Gasthofs an der Loire genießt man sommers im zauberhaften Garten, wo akkurat gestutzte Linden für Schatten sorgen. Der Saal mit Blick ins Grüne ist gediegen-französisch – hohe Fauteuils, Blümchentapete, feines Tischlinnen. Übrigens, nur ein paar Platanen weiter liegt der Genossenschaftskeller, wo ein sehr guter Pouilly-Fumé angeboten wird. Bei Tisch kann man sich ja schon einmal auf den von Sauvignon-Trauben gewonnenen Weißwein einstimmen.

Der ehemalige Chefkellner in Meneaus ›L'Espérance‹ (s. S. 100), Philippe Martin, hat das Haus vor einiger Zeit übernommen. Für die Küche konnte er den erfahrenen Alexandre Perrotey gewinnen. Wie schon beim vorherigen Besitzer Astruc steht Fisch auf der Karte ganz vorn, vor allem Süßwasserfisch. Unbedingt probieren sollte man die *petite friture de Loire*, kleine, als Ganzes fritierte Loire-Fische – kross und schmackhaft. Den gegrillten Zander mit grünen Velay-Linsen hat sich Perrotey zwar beim großen Lorain (s. S. 112) abgeschaut, aber er schmeckt hier ebenso gut. Was auch für das Filet vom kleinen Steinbutt gilt, das der *chef de cuisine* an einem Rindfleischjus mit Mark serviert – so ein Experiment setzt ein gutes Gespür dafür voraus, welche Gegensätze auf dem Teller bestehen. In jedem Fall passt ein gehaltvoller Pouilly Fumé dazu, vor allem ein älterer Jahrgang. Doch aufgepasst, diese Weißweine erreichen bis zu 14 % Alkohol.

129

36

Restaurant Vuillot

Karte: G9
71480 Cuiseaux
36, rue Vuillard
Tel. 03 85 72 71 79
Kreditkarten: Visa, Euro, Master
So abends, Mitte Sept.–Mai auch Mo
mittags Ruhetag, Jan. Betriebsferien
Preiskategorie: Günstig–Moderat
Hotel: DZ 38,2–42,4 €

Speisekarte mit zwei Herren. Wirkt ver-
trauenerweckend.

Anfahrt: A 6 bis Ausfahrt Tournus, Richtung Centre fahren. In Tournus auf die D 975/D 971 Richtung Louhans abbiegen. Von Louhans über die D 996 bis Cuiseaux. Das Restaurant liegt an der alten Hauptstraße, gegenüber dem Château.

Das Restaurant: Man muss einmal quer durch die fast tischtuchflache Bresse fahren, um nach Cuiseaux zu gelangen. Mannshohe Maisfelder links und rechts, Bauernhöfe mit breiter Veranda und immer wieder Federvieh auf der Wiese – das berühmte Bresse-Huhn stammt obligatorisch aus Freilandhaltung. Dann baut sich im Osten der Jura mächtig auf. Genau am Sockel des Gebirgszugs liegt das Dorf, mitten drin das ›Vuillot‹. An der Rezeption hängt ein Foto, das das Haus 1906 zeigt. Damals bewirteten die Vuillot bereits seit 20 Jahren Gäste und Einheimische.

Hotel, Restaurant und Dorfkneipe ist das Haus bis heute geblieben – die Resopaltheke aus den 1960er Jahren in dreifarbigem Holz- und Marmorimitat ist übrigens sehenswert. Wesentlich gediegener sieht es im Restaurant aus. Hübsch dekorierte Tische, akkurat aufgelegte Tisch-

wäsche, freundliche Serviermamsellen. Die vielen Schweizer Gäste wissen, warum sie sich über den Jurakamm her bemüht haben. Bei Jean Vuillot, dem Chef des Hauses, kommt die Küche der Bresse auf den Tisch – und zwar in ihrer gelungensten Form. Zu den Gerichten, die den Ruf des Restaurants geschmiedet haben, zählt ein marmoriertes *foie gras*, das mit Armagnac gekocht wurde, und ein köstliches *poulet de Bresse* mit Morcheln. Beides steht im *Menu bressan* (30,4 €). Günstiger, aber nicht weniger regional-verbunden ist das *Menu du terroir* (16,5 €) mit Schnecken-Feuilleté, und einer Geflügelbrust in Flusskrebssauce. Keine *Haute Cuisine*, aber auch keine deftige Dorfküche mehr wird im Vuillot geboten. *Le juste milieu*, der goldene Mittelweg, lautet das Erfolgsrezept, das sich bestens bewährt.

Die mit Jura-Wein abgeschmeckte *andouillette* verweist hingegen auf die Küche hinter dem Berg, in die Franche-Comté. Auch auf der Weinkarte stehen neben den Burgundern etliche Côtes-du-Jura aus der Nachbarregion im Osten. Aber der Blick über den Gipfel hat auch in gastronomischer Hinsicht noch niemandem geschadet.

37

Greuze

Karte: F8
71700 Tournus
1, rue Albert-Thibaudet
Tel. 03 85 51 13 52
Kreditkarten: AmEx, Diners, Visa,
Euro, Master
Tägl. geöffnet, 19. Nov.–9. Dez. geschl.
Preiskategorie: Gehoben–Teuer

Anfahrt: A 6 bis Ausfahrt Tournus, Richtung Centre. Das Restaurant liegt an der Durchgangsstraße (N 6).

Das Restaurant: Ein Zeitalter wird besichtigt. Nicht mehr und nicht weniger bedeutet der Gang zu Tisch beim Altmeister Jean Ducloux. Sagenhafte 43 Jahre lang bestimmt er von Tournus aus die kulinarische Welt – an Einfluss und Dauer vielleicht nur den Häberlins im fernen Elsass vergleichbar. Alle Moden hat Ducloux ignoriert. Nouvelle Cuisine? Cross Kitchen? Braucht er nicht, will er nicht. Dieser *chef de cuisine* hat so viel Raffinesse, dass er den Griff in die Ferne zur Größe nicht nötig hat. Die *quenelle de brochet* (Hechtklößchen) bleibt unerreicht. Das *poulet de Bresse* mundet so, dass man glaubt, zum allerersten Mal Huhn, Crème und Morcheln vereint in einem Gericht zu essen. Scheinbar Banales wie ein Pfeffersteak oder eine *paté* im Teigmantel scheint Ducloux neu zu erfinden. In die Sphären dieser Meisterschaft kann ihm kein burgundischer Kollege folgen. Dabei ist der Doyen der *Haute Cuisine* ein Grandseigneur mit heiterem Gemüt, dem elitäres Getue fremd bleibt. Einer, der sich am wohlsten mit der Kasserole in der Hand am Herd fühlt.

Im Saal weht mit dem Mobiliar im Stil des 17. Jh. ein Hauch von Ancien Régime. Das gilt auch für die Bedienung, die mit ausgesuchter Höflichkeit und fast höfischem Zeremoniell den Gast verwöhnt. Man hegt nur einen Wunsch: Das ›Greuze‹ möge als Bastion des guten, alten Frankreich bestehen, der Meister aus Tournus möge ein biblisches Alter erreichen.

Das Greuze ist ein National-Monument, wie St-Philibert im Hintergrund

38

Le Rempart/
Le Bistro du Rempart

Karte: F8
71700 Tournus
2–4, avenue Gambetta
Tel. 03 85 51 10 56
Kreditkarten: AmEx, Diners, Visa,
Euro, Master
Tägl. geöffnet
Preiskategorie: Günstig (Le Bistro)–
Moderat/Gehoben (Le Rempart)
Hotel: DZ 76–92 €, Suite 122–153
€, Frühstück 9,2 €, Garage 9,2 €

Anfahrt: A 6 bis Ausfahrt Tournus,
Richtung Centre fahren. Das Restaurant liegt an der Durchgangsstraße (N
6) auf der stadteinwärts gelegenen
Straßenseite.

Das Restaurant: Schon erstaunlich,
zu welchen Preisen die Spitzengastronomie in Frankreich fähig ist. Lächer-
liche 9,5 € kostet das Tagesgericht
(etwa *jambon persillé*, ein mit jungem
Gemüse gefüllter Schweinebraten
oder die legendäre *andouillette* von
Bobosse), ganze 15 € das Menü – vorausgesetzt man kommt mittags, unter
der Woche, und gibt sich mit dem
›Bistro‹ des alteingesessenen Hauses
zufrieden. Mit solchen Angeboten
hält man die lokale Klientel bei der
Stange, lockt Durchreisende zum
Anhalten und, wichtiger noch, macht
neugierig auf die ›grande table‹. Die
hat dann natürlich ihren Preis, in
Frankreich wie auch anderswo.

Nicht, dass das mit honigfarbenem
Holz und heimeligen Deckenlicht ge-
staltete ›Bistro‹ die Empfehlung nicht
wert wäre. Doch aufs Ganze geht's nebenan im ›Rempart‹. Wenden wir uns
also den ernsten Dingen zu. Der
Gang zu Tisch beginnt im ›Rempart‹
stilecht in der Bar, wo man sich zum
Aperitif in cremefarbenen Ledersesseln lümmeln und den Ober mit
Fragen bezüglich dieser oder jener
Speise auf der Karte behelligen darf.
Sodann geht es im Heiligtum an den

Ins Bistro, oder besser gleich ins
Restaurant? Das ist hier die Frage.

Tisch. Originale romanische Säulen mit kostbaren Kapitellen teilen die Weite angenehm auf. Die komfortablen, nackenhohen Gobelinfauteuils werden vom Ober über den schwarz-weißen Fliesenboden an den Tisch gerückt. So dann wird die Vorspeise serviert, ein lauwarmer, schlichtweg himmlischer Salat von Meeresfrüchten, dem ein Trüffelessig eine erdverbundene Note verleiht. Als Hauptgang folgt ein mit Sechuan-Pfeffer gewürztes *pavé de bœuf*, danach die obligatorischen Käseplatte. Fazit, das Rempart steht für gutbürgerliche Küche, die auf *Cuisine*-Niveau gehoben wird.

Als die Dessertkarte gereicht wird, heißt es »*Rien ne va plus*«. Nichts geht mehr, kein Dessert also. Schon erstaunlich, zu welcher Völlerei die Spitzengastronomie in Frankreich fähig ist. Aber wenn's schmeckt… Bevor es untergeht: Im Sommer ist der an einen Klostergang erinnernde Innenhof des Restaurants eine wahre Oase.

39

Aux Terrasses

Karte: F8
71700 Tournus
18, avenue du 23 Janvier
Tel. 03 85 51 01 74
Kreditkarten: Visa, Euro, Master
Mo, Di mittags, außer Juli/Aug. auch
So abends Ruhetag. Anfang Jan.–An-
fang Feb. sowie eine Novemberwoche
Betriebsferien
Preiskategorie: Moderat–Gehoben
Hotel: DZ 48,5–54,5 €, Frühstück
6,8 €, Garage 6,5 €

Blumiges Versprechen: Vor dem Eingang
des Terrasses

Anfahrt: A 6 bis Ausfahrt Tournus, Richtung Centre. Das Restaurant liegt am Ortsausgang Richtung Mâcon. Der Ausschilderung der N 6 folgen: Rue Raymond Dorey, Rue Victor Hugo, an der Kreuzung rechts in die Avenue du 23 Janvier abbiegen.

Das Restaurant: Im Schatten des mächtigen Jean Ducloux (s. S. 131) ist im Laufe der Jahre so mancher große *chef de cuisine* in Tournus herangewachsen. Der Innovativste unter ihnen ist sicher Michel Carrette. Mit seiner Frau Henriette – beide stammen aus dem Charollais – eröffnete Carrette vor gut 20 Jahren ein einfaches Bistro… Heute hält das ›Aux Terrasses‹ einen Michelin-Stern. Den gab es für Kreationen, die Tradition und Erneuerung trefflich verbinden. Carrettes warme *terrine de colvert* (Wildentenpastete in leichtem Teigmantel) gilt längst als Neo-Klassiker der burgundischen Küche. Zander mit Schinken aus dem Morvan zu paaren, traute sich Carrette als Erster. Am Empfang steht ein *poulet de Bresse* in Bronze, und natürlich steht Bresse-Huhn auf der Karte. Auch hier wird das Geflügel in einer Crème-Sauce serviert, in die jedoch ein Schuss *vin jaune* aus dem Jura kommt.

Madame Carrette ist eine perfekte Gastgeberin, die mit hellem Blick über die nüchtern eleganten Säle herrscht. Der Service ist aufmerksam, aber nicht steif. Zum Menu passte wunderbar die Empfehlung des Sommeliers: ein roter '99er Mâcon Tournus von Pascal Pauget (16 €), den man jung trinkt.

Tipp

Fromagerie Giroud

Dass man sich vom relativ kleinen Laden an der Ecke Rue du Docteur Privey/Rue Jean Jaurés nicht täuschen lasse: Monsieur Giroud unterhält einen Reifekeller, in dem Epoisses und Brillat-Savarin bis zum optimalen Verzehrzeitpunkt gehütet werden. Einen echten Affineur wie Giroud gibt es nicht einmal mehr in Mâcon.

40

Le Moulin
de Bourgchâteau

Karte: G8
71500 Louhans
Chemin de Bourgchâteau (Route de Châlon)
Tel. 03 85 75 37 12
Kreditkarten: AmEx, Visa, Euro, Master
Mo, Mitte Dez.–Mitte Jan. geschlossen
Preiskategorie: Moderat
Hotel: DZ 41–85 €, Frühstück 8,5 €

Zwei Brüder sollt ihr sein: die Fratelli Donatelli

Anfahrt: A 6 bis Ausfahrt Tournus, Richtung Centre. In Tournus auf die D 975/D 971 Richtung Louhans. In Louhans Richtung Chalon-sur-Saône (D 78) fahren. Noch im Ort zweigt auf Höhe der Citroen-Niederlassung rechts die Zufahrt zum Restaurant ab.

Das Restaurant: Das Risiko, sich in der tiefsten Bresse mit einem Restaurant zu versuchen, wird für die Gebrüder Massimo und Franco Donatelli durch die außergewöhnliche Architektur und die Lage des ›Moulin de Bourgchâteau‹ wettgemacht: Die ehemalige Wassermühle entstand 1778 etwas außerhalb von Louhans als Brückenbau über dem Flüsschen Seille. Bis 1973 funktionierte das gewaltige Mahlwerk, auf dessen eisernes Gestänge samt Zahnrädern man bei Tisch schaut. Natursteinwände und schwere Holzdecken unterstreichen die rustikale Note des Saals. Bequem thront es sich in den samtbespannten Louis XIII-Fauteuils. Ganz unbekannt in der Region sind weder das Haus noch der *chef de cuisine* Franco Donatelli: Fast 20 Jahre hat ein

Hotelierpaar aus der Picardie den ›Moulin de Bourgchâteau‹ geleitet – und Signore Donatelli ist obendrein Chef des Restaurants ›La Toque Blanche‹ in Louhans.

Drei Menüs (20, 26, 32 €) stehen zur Wahl, das Günstigste gibt es nur unter der Woche. Im von uns gewählten Menü machte eine Hühnchenterrine mit *foie gras* den Anfang. Man könnte nun als Hauptgang natürlich Bresse-Huhn bestellen, sicher ist sicher. Aber warum nicht das köstliche Kabeljaufilet in einer Vanille-Sauce oder das Kotelett vom Schwein aus Wiesenhaltung mit Stampfkartoffeln, mit denen der *chef de cuisine* der Bresse untreu wird? Apropos: Seine italienischen Wurzeln verteidigt Franco Donatelli auf der Karte z. B. mit Gnocchi.

Beim Nachtisch gibt es kein Vertun. Das heiße Schokoladensoufflé, zu dem separat eine Suppe aus frischen Orangen auf den Tisch kommt, ist ein dunkler Traum, der mit Leichtigkeit über seine Kalorienschwere hinwegtäuscht. Wie wär's jetzt zum Ausgleich mit einer Partie Tretboot auf dem Mühlteich?

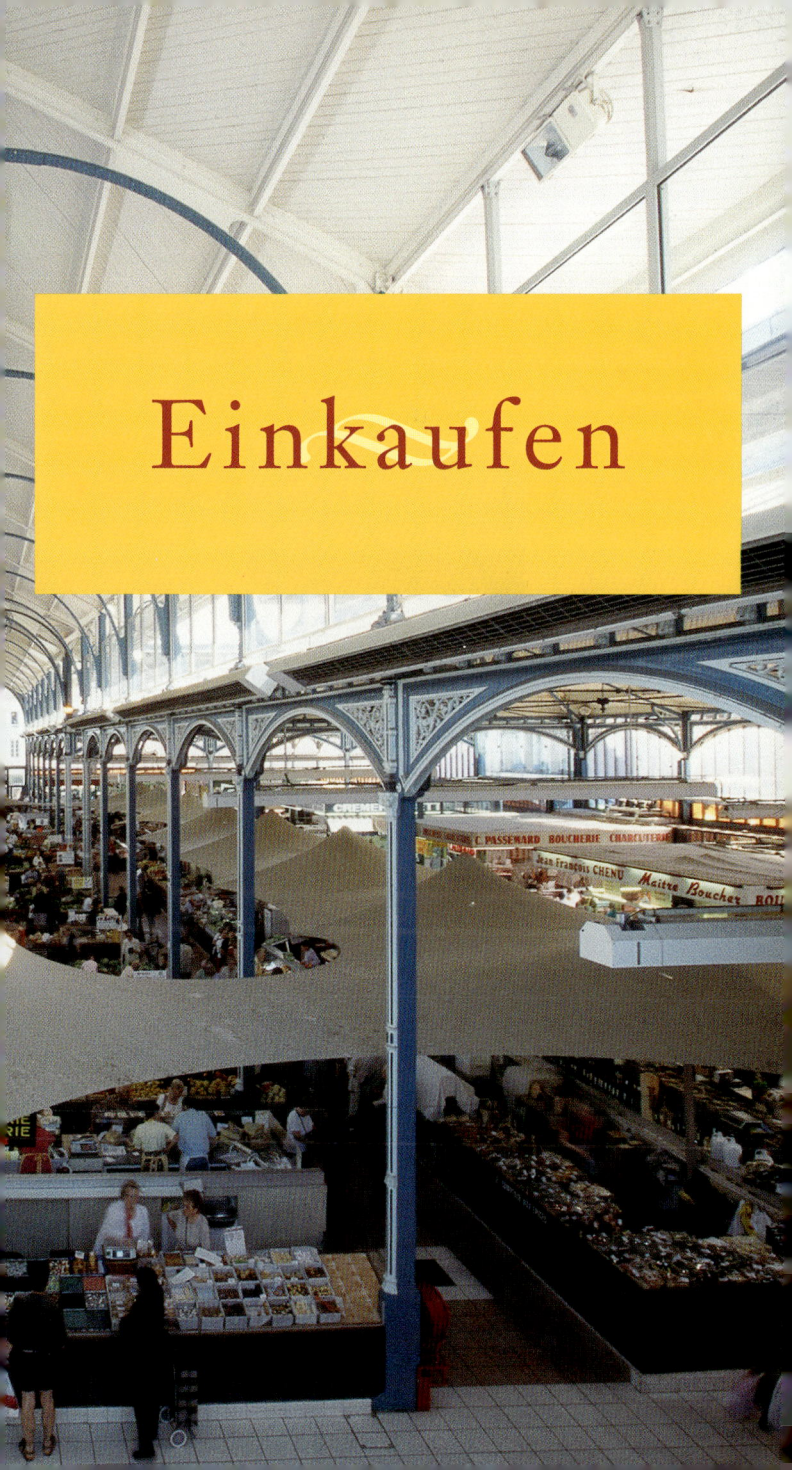

Einkaufen

Einkaufen

*A*n erster Stelle steht natürlich Wein: die weißen und roten Tropfen aus Burgund zählen zu den besten weltweit. Die Verbindung der Region und ihrer Weine ist so weitreichend, dass Burgunds Ruf mit den Weinen aus Chablis, Beaune oder Mâcon steht und fällt. Entsprechend geräumig sollte der Kofferraum sein, denn der Direkteinkauf beim Winzer ist noch immer deutlich günstiger als der Gang zum hiesigen Weinhändler. Einen ersten Einstieg ermöglicht die Gratisbroschüre ›De Vignes en Cave‹ (in der deutschsprachigen Übersetzung ›Von der Kelter in den Keller‹), in der das regionale Fremdenverkehrsbüro (CRT Bourgogne, s. S. 176) Winzer auflistet, bei denen man zwecks Kellerprobe und Einkauf problemlos vorstellig werden kann. Ein Ausflug zu den Winzern ins benachbarte Beaujolais lohnt, weil ein Grand Cru Morgon oder Brouilly noch immer ein sehr attraktives Preis-Leistungs-Verhältnis bietet.

Überhaupt, die Liebe zu Burgund geht durch den Magen, und entsprechend kulinarisch fällt der Einkaufszettel aus. Crème de Cassis heißt der Johannisbeerlikör von der Côte d'Or, mit dem man den Kir, den burgundischen Aperitif schlechthin, mischt. Käse, Wurst, Schinken und Pasteten kauft man entweder direkt beim Erzeuger sowie auf den Märkten von Dijon, Beaune, Autun oder irgendwo auf dem Land. Aber selbst im *super-marché*, dessen Käse- und Fleischtheken hierzulande als Feinkostabteilung durchgehen würden, ist man bei Auswahl und Qualität gut bedient.

Zu den süßen Dingen des Lebens gehören das gut zu transportierende *pain d'épices* aus Dijon, Anisspezialitäten aus Flavigny oder Cacous-Kuchen aus Paray-le-Monial. Den besten Wald- und Gebirgshonig bieten die Imker aus dem Morvan an. Senf bleibt hingegen eine Domäne alteingesessener Produzenten aus Dijon. Die besten Öle der Region kommen aus Iguérande an der Loire.

Bei Fayencen denkt ganz Frankreich an Nevers, wo etliche Betriebe die klassischen Dekore und moderne Formen herstellen. Töpferwaren aus der Puisaye sind weitere beliebte Souvenirs. Antiquitätenhändler findet man in nahezu jeder Stadt. Prinzipiell sind französische Antiquitäten im Land günstiger zu bekommen als im hiesigen Handel. Museumsboutiquen wie etwa die der Hospices de Beaune und Fachgeschäfte bieten zudem Kopien von Kapitellen und Tapisserien sowie hochwertige Kunstbände an.

Tipp

Öffnungszeiten

Kernöffnungszeiten sind 9–12 und 14–19 Uhr – Verschiebungen nach Belieben. Im Sommer ist abends länger geöffnet, im Winter früher geschlossen – oder auch ganz. Vor allem in abgelegenen Orten machen einige Läden, die sich eher auf Touristen verlassen, von November bis März zu. Supermärkte in Städten haben dafür ganzjährig über Mittag geöffnet, ihre großen Filialen vor den Stadttoren an einigen Abenden bis 21 oder 22 Uhr. Sa bleiben alle Geschäfte nachmittags offen. Sonntagvormittags wird in vielen Städten Markt gehalten, viele Lebensmittelläden haben dann ebenfalls auf, Bäckereien immer. Montag ist zumindest in kleinen Orten Ruhetag. Beim Winzer oder Bauern ruft man am besten vorher an, um sicher zu stellen, dass jemand zu Haus ist – tabu für den Besuch ist auf jeden Fall die Mittagszeit.

Cremefarbene Rinder, fette Wiesen, dahinter ein Kanal. Ein Bild zum Reinbeißen.

Culinaria

Süßes

Autun (E7)

Au Cygne de Montjeu
12, rue St-Saulge.
Chocolatier Yves Theuret verkauft Noisettes du Morvan (Nussgebäck), Nougat, Florentiner Gebäck, kandierte
Orangenscheibchen.

Beaune (F7)

Pâtisserie Bouché
1, place Monge
Pralinés aus eigener Herstellung wie
›Les Burgondines‹ oder ›Les Crumel-
les‹. Dazu gut ein Dutzend Karamell-
sorten.

La Boutique des Domaines
12, rue d'Alsace
Feinkostgeschäft mit Karamellbonbons,
Maronenpüree, Konfitüre, aber auch
Herzhaftem wie *foie gras* und Wurst.

Dijon (G6)

Mulot et Petitjean
13, place Bossuet
Süße Köstlichkeiten und Feinkost, allem voran das *pain d'épices* im Second-
Empire-Laden. Mit Versand.

Flavigny-sur-Ozerain (E5)

La Fabrique Troubat
In der Abtei
Tel. 03 80 96 20 88
Mo–Fr Führung 8.30–11 Uhr,
2. Augusthälfte geschl.
Ursulinerinnen sollen im 17. Jh. die
›Bonbons d'anis‹ erfunden haben. Da-
bei wird ein Aniskorn mit Zuckerguss
umschlossen, der in den verschiedensten
Geschmacksrichtungen parfümiert ist.

La Clayette (E9)

Chocolats Bernard Dufoux
32, rue Centrale
Feinste Kuchen, Schokolade und Pra-

linés. Köstlich: *foie gras de chocolat.*
Frankreichs meistprämierter Chocolatier erklärt jeden ersten Mittwoch des Monats (14–18 Uhr), wie die süßen Köstlichkeiten entstehen (Anmeldung Tel. 03 85 28 08 10).

Nevers (B7)

Au Négus
96, rue François Mitterrand
Karamellen *(négus)*, Nougat, Schokolade im Traditionsladen (19. Jh.).

Nuits-Saint-Georges (F6)

La Ferme Fruirouge
Hameau de Concoeur
Tägl. 9–12, 14–18 Uhr
Beeren in jedem Rotton, frisch oder in Form von Konfitüren, Säften und Fruchtweinen.

Tipp

Pain d'épices

Jedes Jahr Anfang Dezember heißt es in Dijon aufs Neu: »Le nouveau pain d'épices est arrivé!« – die vorweihnachtliche Saison für das traditionelle Gewürzbrot ist eröffnet. Nach Burgund aus Flandern mitgebracht haben sollen die Leckerei die Herzöge, die im 14. und 15. Jh. zwischen ihren Höfen in Gent und Dijon pendelten. In den Teig gehören seitdem Mehl, Eier, Berghonig aus dem Morvan sowie je-de Menge Gewürze. Über das genaue Rezept schweigen die alteingesessenen Hersteller. Deren Zahl sank in Dijon von einem Dutzend im Jahre 1912 auf heute drei. Die jedoch backen stolze 750 t *pain d'épices* im Jahr.

Saint-Léger-Vauban (D5)

La Trinquelinette
4, rue de la Breulotte-Trinquelinette
Mo–Fr 9–18 Uhr
Bioobst, Gelee, Kompott und Konfitüren aus (wilden)Heidelbeeren und Himbeeren , Kirschen, Bananen, Rhabarber, Erdbeeren, Pflaumen…

Saint-Péreuse (C6/7)

Les Biscuits Grobost
Coeurty
Tägl. 8–12, 14–18 Uhr
Hätte Proust gemundet: Madeleines, Löffelbiskuits, Sandgebäck nach Großmutters Rezepten. Mit Versand.

Honig

Château-Chinon (D7)

Les Ruchers du Morvan
Port de l'Homme
Auf Anmeldung, Tel. 03 86 78 02 43
Honig von den Hochwiesen und aus den Wäldern des Morvan sowie Met und Honigkuchen.

Lucenay L'Evêque (D6)

Antonia Hersant
Le Bourg
Auf Anmeldung, Tel. 03 85 82 66 47
Die Honigsorten der Imkerin tragen das Qualitätslabel des Parc Naturel Régional du Morvan.

Marcilly-lès-Buxy (E8)

L'Abeille de Guye
Juli/Aug. 14–19 Uhr, sonst auf Voranmeldung, Tel. 03 85 96 10 68

Welcher Honig darfs denn sein? Im Angebot stehen Akazie, Linden, Kastanien, Weißdorn… sowie *pain d'épices*. Mit Versand.

Montreuillon (E8)

Le Bouteron Morvandiau
Montchanson
Tel. 03 86 84 71 64
Imker Pascal Collignon hat sich auf Frühjahrshonig wie Akazie, Kastanie und Wiesenblumen spezialisiert. Ebenfalls im Angebot sind *pain d'épices*, Konfitüren und Gelee.

Rouvray (D5)

Miellerie Blanc
La Croisée
Mo–Sa 14–19 Uhr
Dominique und Daniel verkaufen Honig, Met, Honigkuchen – mit dem Label des Naturparks Morvan. Aber ihre Aperitifs und Schnäpse etwa aus Johannisbeeren sind ebenfalls eine Sünde wert.

Saint-Leger-de-Fougeret (E8)

Le Rucher de l'Ecole
Juni–Sept. tägl. 8–12, 13–18 Uhr, sonst auf Ankündigung, Tel. 03 86 85 09 47.
Honig von Apfel-, Pflaumen oder Mandelblüten sowie Nougat, *pain d'épices* und *bonbons au miel*.

Villapourçon (D7)

Les Ruchers de Bibracte
Gerbault
Auf Anmeldung, Tel. 03 86 78 60 02
Honig pur oder in Variationen wie Gebäck, Makronen, Bonbons, *pain d'épices* und Konfitüre.

Tipp

Senf

Jedes Kind weiß in Frankreich, dass die ›Moutarde de Dijon‹ der beste aller möglichen Mostrichs ist. Schließlich wird Senf seit dem Mittelalter in Dijon hergestellt, und dies beileibe nicht nur aus Essig und Senfkörnern. Die hohe Kunst des Senfmachens hat sich im Laufe der Jahrhunderte verfeinert. Betriebe, die auf sich halten, verschmähen einfachen Essig als Zutat und fügen den ›moût‹, ein Gemisch aus Traubensaft und Verjus (Saft aus unreifen grünen Trauben) hinzu. Beim Edelsenfmacher Fallot in Beaune werden die zuvor in Wasser und Weißwein eingeweichten Körner sogar nach wie vor in der Steinmühle zermahlen. Bevor der scharfe Brei in die typischen Steinguttöpfe wandert, wird der Geschmack mit Aromen variiert. Neben Klassikern wie Knoblauchsenf gehören raffinierte Kreationen wie Cassis- oder Gewürzkuchensenf zum Angebot.

Würziges

Alligny en Morvan (D6)

Pisciculture du Moulin de la Serrée
Tel. 03 86 76 15 79
Bei Michel Marache gibt's Forellen: geräuchert, als Mousse, als *rillettes*, oder frisch auf den Tisch des dazugehörigen Restaurants ›La Guingette‹.

Beaune (F7)

Maison Fallot
31, rue du Faubourg Bretonnière

Senf in ungewöhnlichen Geschmacks-richtungen wie Cassis, *pain d'épices*. Ebenso große Auswahl an Essigsorten. Mit Versand.

Chenôve (F6)

Hélix
56, route de Dijon
Fr 9–12, 14–17.30 Uhr
Weinbergschnecken, bereits für den Ofen vorbereitet. Mit Versand.

Dijon (G6)

Maille-Grey-Poupet
32, rue de la Liberté
Moutarde de Dijon in allen Variationen, dazu Gürkchen, Essig und Öl in dem Traditionshaus schlechthin von Dijon.

Donzy (B5)

Huilerie Rameau
14, rue de l'Eminence
Mo–Fr 8–12, 13–17 Uhr, Wochenende auf Ankündigung, Tel. 03 86 39 31 48
Walnussöl aus erster Kaltpressung. Der Mühlstein ist seit 150 Jahren in Betrieb.

Iguerande (D10)

Huilerie Leblanc
Die Ölmühle bietet Sonnenblumen-, Raps-, Walnuss-, Mandel- und Trau-benöl aus eigener Pressung an.

Varzy (B5)

La Nièvre Gourmande
23, rue Delangle
Tägl. außer So abends und Mo
10–15.30, 17–21 Uhr
Die >Resto Boutique< von Christiane Boquet vertreibt Produkte von den bes-ten Höfen und Erzeugern der Nièvre.

Wovon man sich im dazugehörigen Res-taurant überzeugen kann.

Wurst und Fleisch

Autun (E7)

La Ferme de Rivault
Tel. 03 85 52 43 52
Auf dem Hof von Philippe Labonde kann man *foie gras*, Enten-Confit, *rillet-tes* und Entenbrust kaufen.

Beaune (F7)

Charcuterie Batteault
4, rue Monge
Di–Sa 8–12.30, 14.30–19 Uhr
Die besten Würste an der gesamten Cô-te d'Or.

Tipp

Schinken aus dem Morvan

40 Tage im *saloir*, und weitere fünf Monate unter der Decke: So sieht es ein altes Bauernrezept vor. Was dann als >Jambon cru du Morvan< ange-schnitten wird, ist ein würziger, luft-getrockneter Schinken, im Glücksfall von frei in der Eichenwiese laufen-den Schweinen. Nach dem Schlach-ten kommt der Schinken zunächst in ein verdecktes Tonbecken (*saloir*) mit Essig, Thymian, Lorbeer, Kno-blauch, Lauchzwiebeln, Pfeffer, Quendel und natürlich Salz. An-schließend wird er mit Wasser abge-spült und im Leinensack unter der Decke aufgehängt.

Tipp

Charolais-Rind

Fleischberg allererster Güte: das Charolais-Rind

Man ist unter Burgunds Züchterbaronen mächtig stolz auf das stämmige Vieh mit dem cremeweißen Zottelfell. In Anlehnung an den Ortsnamen von Charolles taucht die Rasse ›Charolais‹ im offiziellen ›Herd Book‹ von 1864 erstmals auf. Die internationale Karriere des für seine Fleischqualität gerühmten Rinds begann auf der Weltausstellung von 1878 in Paris. Seither ist das Fleisch in aller Munde. Zum Klassiker der französischen Küche avancierte das ›Pavé de Charolais‹ allerdings schon ein Jahrhundert zuvor. Damals trieben die *galvachers*, die Cowboys des Morvan, große Herden im zwölftägigen Marathon von Burgund nach Paris. Den Ruf des Charolais verbreitet heute die nach dem Vorbild burgundischer Winzergenossenschaft gegründete ›Confrérie gourmande de l'Ambassade du Charolais‹. Für ihre Mitglieder ist das Rind wie die großen Weine der Côte d'Or ein ›Grand Cru de Bourgogne‹. Der wichtigste Markt für das Vieh findet in St-Christophe-en-Brionnais statt. Jeden Donnerstag erwacht das Dorf im Morgengrauen aus dem Provinzschlummer. Bauern aus ganz Burgund drängeln sich in den Cafés. Manchmal stehen über 4000 Charolais-Rinder in den Hallen und Ferchen zum Verkauf – fast zehnmal soviel, wie das Dorf Einwohner zählt. In den Cafés geht es hoch her an der Theke. Die ›Maquignons‹, reiche Viehhändler, wie immer in Schwarz oder Dunkelblau gekleidet, geben eine Runde nach der anderen aus. Über dem Kamin dampft der ›Bouilli‹, ein Eintopf aus Ochsenfleisch, Kartoffeln und Karotten. Mit einer deftigen Mahlzeit geht der Markttag zu Ende.

Chablis (C4)

La Charcuterie de Chablis
3, place du Général-de-Gaulle
Metzgermeister Marc Colin bietet Schinken, *andouillette, foie gras* und Pasteten an.

Cortevaix (D8)

Elevage Dutrion
Confrancon
Tägl. 9–19 Uhr
Über Rebholz geräucherter Schinken und Würste sowie herzhafte Pasteten.

Luzy (D8)

Les Eléveurs du Sud Morvan
Abbatoir
Eine Vereinigung von Viehzüchtern hat sich zusammengeschlossen, um direkt ab Schlachthof zu verkaufen: exzellentes Rind, Lamm, Kalb, aber auch fertige Gerichte vakuumverpackt.

Saisy (E7)

Charcuterie Gillot
Schinken aus dem Morvan, *jambon persillé*, Würste…

Geflügel

Champignelles (A4)

Les Perriaux
Auf Anmeldung, Tel. 03 86 45 13 22
Geflügel in Form von *foie gras, rillettes, pâté, confit*. Dazu hausgemachter Cidre.

Crain (C5)

La Ferme de Misery
15, Grand'Rue

Tägl. 10–19 Uhr
Foie gras, aber auch Konfitüren und sogar Wein.

Donzy (B5)

Les Oies du Pré
Nach Vereinbarung, Tel. 03 86 39 47 65
›Die Gänse in der Wiese‹ werden von Frédéric Coudray Ozbolt als *foie gras*, Brustfilet, *confit* und *pâté* angeboten. Dafür gab es zwei Medaillen beim Concours Général Agricole in Paris. Mit Versand.

Mont Saint-Jean (E6)

Mairey
Tel. 03 80 84 31 12
Pascal Laprée ist Geflügelbauer, Spezialität Enten: *foie gras*, Enten-Confit, *rillettes* und Entenbrust.

Tipp

La Foire gastronomique de Dijon

Seit 1921 fungiert die ›gastronomische Messe‹ als Aushängeschild burgundischer Köstlichkeiten. Der damalige Bürgermeister von Dijon, Maître Gaston-Gérard, hat die zehntägige Leistungsschau für Leib undd Magen ins Leben gerufen. Neben Winzern, Käseherstellern oder Backwarenproduzenten stellen die besten Köche der Region ihr Können unter Beweis. Kurzum, die Messe ist ein Muss für jeden Feinschmecker. Der kulinarische Marathon dauert satte zehn Tage, um dann mehr oder weniger nahtlos in die ›Trois Glorieuses‹ zu münden (30. Okt.–11. Nov.).

Käse

Cosne-sur-Loire (A5)

Domaine de Pont-Aubry
Pont-Aubry
400 Ziegen, die nur eins sollen: Milch
für den herrlichen Crottin de Chavignol geben. Mit Gästezimmern.

Dijon (G6)

Le Chalet Comtois
28, rue Musette
Dijons bestsortierter Käseladen. Spezialität ist ein Beaufort aus Almherstel-
lung.

Epoisses (D5)

Berthaut
Place du Champs de Foire
Epoisses *oblige*: Natürlich gibt es beim
Affineur und Feinkosthändler die nach

dem Ort benannte Käsesorte (mit einer
Médaille d'Or vom Concours Agricole
in Paris), aber auch *pain d'épices*, Pralinés
und Gebäck.

Hurigny (F9)

Fromagerie Chevenet
Le Bourg
Ziegenkäse pur oder als ›lardu‹ in Speck
gehüllt.

Louhans (G8)

Fromagerie Liberge
4, Grande Rue
Der Käseladen unter den berühmten
Arkaden verkauft neben Käse auch frische Teigwaren und Wein.

Moutiers-en-Puisaye (B4)

La Cour aux Roches
Les Lorets
Tägl. 16–19 Uhr

Alles Käse. Mit einem Plateau heimischer Sorten schließt ein gutes Mahl in Burgund ab.

Tipp

Käse aus Burgund

Knapp 30 verschiedene Käsesorten haben Kenner in Burgund ausgezählt. Um die Wichtigsten zu nennen: Der nach dem Dorf Epoisses benannte cremige Weichkäse wird aus roher Kuhmilch gewonnen. Die Laiber werden in Marc de Bourgogne (Trester) gewendet und müssen mindestens vier Wochen auf Stroh reifen – dafür gab es ein AOC-Label. Die Variante Aisy cendré ist mit feiner Asche bedeckt. Der Ami du Chambertin braucht eine Buchenspanschachtel, um nicht davonzulaufen. Der Kuhmilchkäse von der Côte d'Or wird ebenfalls in Trester gewaschen. Ziegenkäse gibt es in ganz Burgund. Die Bekanntesten sind der bei der Reifung härter werdende Crottin de Chavignol von der Loire und die Pâtes molles aus dem Charolais. Den Chaource isst man bevorzugt jung, wenn er einen leicht pudrigen, säuerlichen Geschmack im Gaumen verbreitet. Gut ausgereift kommen hingegen die Kuhmilchkäse Saint-Florentin und Soumaintrain auf den Tisch. Beide stammen aus dem Département Yonne im Norden. Die großen Klöster stehen noch heute für herzhafte Weichkäse. Der Käse aus Cîteaux erinnert an einen Reblochon, der aus der Abbaye de la Pierre qui vire hat ein frisches Kräuteraroma.

Ein breites Band nicht nur burgundischer Käse steht zur Wahl: savoyische Tomme, normannischer Camembert, elsässischer Munster.

Parly (B4)

La Ferme de Bréviande
Tel. 03 86 41 12 69
Mo–Fr 8.30–10.30 Uhr
Ziegen- und Schafskäse vom Bauernhof.

Poil (D8)

Château de Pierrefitte
Tel. 03 86 30 48 37
Marina Neerman produziert Kuh-, Schafs- und Ziegenkäse. Weiter Service: Im Schlosssaal kann man sich trauen lassen oder ein Fest mit bis zu 40 Personen ausrichten.

St-Germain-de-Modéon (D5)

La Chèvrerie de Pierre Longue
Ziegenkäse und Terrinen. Jeden Sa ab 11 Uhr ›Cassecroûte‹: preisgünstige Verköstigung.

St-Leger-sous-Beuvray (D 7)

La Ferme du Rebout
Tel. 03 85 82 54 64
Biokäse aus Kuh- und Ziegenmilch sowie Joghurt. Zugleich schönes Wanderziel am Fuß des Mont-Beuvray.

St-Leger Vauban (D5)

La Ferme de l'Abbaye de la Pierre qui vire
Huis St-Benoît
Tel. 03 86 33 03 73
Biokäse von der Kuh und von der Ziege, hergestellt im Schatten der Abtei.

Saulieu (D6)

Le Conrieux
Tel. 03 80 64 27 72
Für Didier Loisons Schafskäse geht man meilenweit.

Märkte

Charolles (E9)

Schafsmarkt Mi ab 11 Uhr. Das ganze Jahr über spezialisierte Rindermärkte (Schlachtvieh, Zuchtbullen, Jungrinder…). Festival du Bœuf Charolais, Schau der schönsten Charolais-Rinder mit Mittagsbuffet (*bœuf bourguignon*, Entrecôte, Steak…), Rindermodell, an dem die verschiedenen Fleischstücke erklärt werden, abendlichem Tanz mit Pot au feu (1. Wochenende im Dez.).

Dijon (G6)

Di, Fr morgens und Sa ganztags Markt in den Belle-Époque-Hallen an der Rue Quentin.

Louhans (G8)

Beim Geflügelmarkt am Mo gackert es überall. Wie auch bei den ›Glorieuses de Bresse‹ Mitte Dezember ist das Bresse-Huhn der Star der Veranstaltung.

Marcigny (D10)

Urtümlicher Viehmarkt am Do morgen.

St-Christophe-en-Brionnais (D9)

Im Dorf wird seit 1488 Markt gehalten. Mit der Züchtung des Charolais-Rinds aber begann im 18. Jh. der Aufstieg zum landesweit bekannten Vieh-Umschlagplatz. Der ›Marché aux bestiaux‹ (Do) ist seiner Größe nach Frankreichs fünftwichtigster Rindermarkt, der Qualität des Viehs nach sogar Nummer eins. Auftrieb ab 4, Handel 6.30–8, Abtransport ab 8.30 Uhr in den Hallen. Führungen auf Anfrage im Rathaus Tel. 03 85 25 82 16. Juli/Aug. feste Führungen, 7.30 Uhr vor dem Rathaus.

Beliebte Kombination: Trüffeln und Eier

FÜRS TRAUTE HEIM

Garchy (A6)

Faience d'Art Siméon Drachkovitch
Rue du Matray
Tägl. 10–19 Uhr außer bei Ausstellungen
Nur Einzelstücke, die inklusive der De-
kormalerei in Handarbeit entstehen.
Auch moderne Dekors.

Mesves-sur-Loire (A6)

La Faiencerie de Mesves
38, rue d'Antibes
Geschirr, Vasen, Dekorationsobjekte,
Küchenkacheln aus Fayence. Auf Be-
stellung nach gewünschter Vorlage
(Werkstatt 9–19 Uhr).

Moutiers-en-Puisaye (B4)

La Poterie de la Bâtisse
La Bâtisse
Mo geschl.
Die Töpferwerkstatt ist heute zugleich
Industriemuseum. Ausstellung und Ver-
kauf der für die Puisaye typischen Ton-
krüge und -gefäße.

Nevers (B7)

Faiencerie d'Art de Nevers
10, rue de la Porte du Croux
Mo–Sa 9–12, 14–19 Uhr
Ein Klassiker seit der Manufakturgrün-
dung 1648. Unter den Meistern tragen
gleich mehrere den Titel ›bester Hand-
werker Frankreichs‹.

Fayencerie d'Art Francois Bernard
88 bis, avenue Colbert
und 1, rue Sabatier (Herzogspalast)
Tägl. 10–12, 14–19 Uhr
Handsignierte Stücke in der großen Tradition von Nevers.

Pouilly-en-Auxois (E6)

Quincaillerie Diard
Die Eisenwarenhandlung in dritter Generation ist ein Begriff weit über Burg-
und hinaus: Kunden kommen selbst aus
Belgien oder der Schweiz, um im engen
Durcheinander ein seltenes Ersatzteil zu
finden. Attention: Wer nur gucken will,
zahlt Eintritt!

149

WEIN

Côte de Nuits

Chambolle-Musigny (F6)

Alain Hudelot-Noellat
Ancienne Route Nationale
Tel. 03 80 62 85 17
Nach Vereinbarung
Fast schwarzrot sind die 1ier Cru-Weine des Climat Les Malconsorts, entsprechend ist die Präsenz in der Nase und auf dem Gaumen. Eine Sünde wert ist ebenfalls der Grand Cru Richebourg, der schon als junger Jahrgang sündhaft teuer ist. *Noblesse oblige.*

Comblanchien (F6)

Domaine Anne-Marie Gille
Route Nationale 74
Tel. 03 80 62 94 13
Nach Vereinbarung
Etwas südlich von Nuits-Saint-Georges produziert das Weingut einen Rotwein selbiger Appellation, der so traditionell ist wie das Etikett mit imitiertem Per-gament. In einigen Jahren wird der '99er Les Brulées zeigen, was in ihm steckt.

Fixin (F6)

Manoir de la Perrière
Tel. 03 80 52 47 85
Nach Vereinbarung
Prämierte AOC Fixin-Rotweine (Pinot noir) des 1ier Cru ›Clos de la Perrière‹, Weißweine (Chardonnay). Weinprobe unter mittelalterlichem Zisterzienser-gewölbe.

Gevrey-Chambertin (F6)

Domaine Marchand Frères
1, place du Monument
Tel. 03 80 62 10 97
Di–Sa 9–12, 14–19 Uhr
Kraftvolle Rotweine. Tipp: '99er des Climat En Songe, solide und boden-ständig.

Domaine Drouhin-Laroze
2, rue du Chambertin

Tel. 03 80 34 31 49
Nach Vereinbarung
Alteingesessenes Weingut mit gut 150-
jähriger Tradition. Entsprechend klassisch sind die 1ier Cru-Weine. Immer
ein sicherer Tipp.

Domaine Philippe Charlopin-Parizot
18, route de Dijon
Tel. 03 80 51 81 18
Nach Vereinbarung
Einer der besten Weine der AOC Marsannay – violettrot, würzig und mit präg-
nanter Note von roten Beeren. Sehr gut
zum Lagern geeignet.

Marsannay-la-Côte (F6)

Domaine Olivier Guyot
39, rue de Mazy
Tel. 03 80 52 39 71
Nach Vereinbarung
Ein Winzer, der seinen Weinberg mit
dem Pferd bearbeitet und auf alte Rebstöcke setzt. Tipp: '99er Les Chenevi-
res Vieilles vignes.

Morey-Saint-Denis (F6)

Domaine de Lambrays
31, rue Basse
Tel. 03 80 51 84 33
Nach Vereinbarung
Die Reben stehen, wie es sich gehört für
ein ›Clos‹, geschützt hinter Mauern.
Äußerst reiche Weine, mit einer Aromenvielfalt von Kirschen, Brombeeren,
entsprechend tiefroter Farbe und gehö-
riger Lagerdauer.

Vougeot (F6)

Château de la Tour
Clos de Vougeot
Tel. 03 80 62 86 13
April–Okt. Di–So 10.30–18.30 Uhr

Der Inbegriff aller burgundischen Weingüter: die von einer Mauer abgeschirm-
ten Grand Cru-Reben, im Hintergrund
das Schloss mit markantem Turm. Die
Weine sind von unnachahmlicher Fül-
le. Exquisite Auswahl älterer Weine.
Tipp: die '85er, '87er, '94er, die zum direkt Trinken reif sind, und der außergewöhnlich gute '98er, der freilich noch
im Keller liegen bleibt.

Côte de Beaune

Beaune (F7)

Domaine des Terregelesses
7, rempart Saint-Jean
Tel. 03 80 24 21 65
Nach Vereinbarung
Das gräfliche Weingut der Sénard steht
für in sich ruhende Weißweine der AOC
Corton-Charlemagne. Typisch: der Ge-
schmack von Aprikosen.

Tipp

Das CRT Burgund (s. S. 176) hält die
jährlich aktualisierte Gratisbroschüre
›De Vignes en Cave‹ in der deutschsprachigen Übersetzung ›Von der
Kelter in den Keller‹ bereit. Vorgestellt werden 150 Adressen zum Direkteinkauf beim Winzer, mit Kurz-
porträt des Weinguts, Öffnungszeiten
und zum Teil auch Preisangaben. Die
Broschüre sowie weitere Auskünfte
zum Thema Wein gibt es ebenfalls
beim Bureau Interprofessionnel des
Vins de Bourgogne, 12, boulevard
Bretonnière, BP 150, F-21204 Beaune Cedex, Tel. 03 80 25 04 80, Fax 03
80 25 04 81, www.vinsbourgogne.fr.

Patriarche Père et Fils

5, rue du Collège
Tel. 03 80 24 53 01
Tägl. 9–12, 14–18 Uhr
Das Haus ist ein Paradebeispiel für eine burgundische Weinhändlerdynastie. Hier findet man gradlinige Rotweine mit eindeutig zu identifizierendem Aroma: schwarze Johannisbeere!

Hospices de Beaune
Les Caves des Hautes-Côtes

Route de Pommard
Tel. 03 80 25 01 00
Nach Vereinbarung
Die Hospices de Beaune bedeuten: großer Name. Aber auch hier gibt's erschwingliche Weine, etwa die '99er Cuvée Dames de la Charité.

Bligny-lès-Beaune (F7)

Domaine de la Galopière

6, rue de l'Eglise
Tel. 03 80 21 46 50
Nach Vereinbarung
Claire und Gabriel Fournier gelingt ein samtiger Pinot noir. Ein Beispiel dafür ist der '99er Les Valozières.

Les Caves de la Vervelle

Château de Bligny-lès-Beaune
Tel. 03 80 21 47 38
Tägl. 8–12, 14–18 Uhr
Dass auch ein Genossenschaftskeller erstklassige Tropfen produzieren kann, beweist dieser samtige, feinkomponierte Wein.

Chassagne-Montrachet (F7)

Bernard Colin et Fils

22, rue Charles-Paquelin
Tel. 03 80 21 32 78
Mo–Sa 8.30–12.30, 14–19 Uhr, So auf Vereinbarung

Ofenfrische Brioche, Birne, Jasmin, die Aromenvielfalt dieser Weißweine ist verblüffend. Und man weiß seit acht Generationen, wie man das Potential des Climat Les Caillerets in der Flasche zur Geltung bringt.

Chorey-lès-Beaune (F7)

Daniel Lageot

5, rue des Brenôts
Tel. 03 80 22 15 10
Nach Vereinbarung
Sehr gutes Preis-Leistungs-Verhältnis für die Rotweine der AC Savigny-lès-Beaune. Honette, ausgewogene Tropfen.

Meursault (F7)

Domaine du Château de Meursault

Tel. 03 80 26 22 75
Nach Vereinbarung
Les Petits Noizons heißt das Climat, das den Weg zum Schloss lohnt. Belohnt wird man mit einer Appellation Pommard, die an kräftigenden Tanninen und sonnenverwöhnter Lage nichts zu wünschen übrig lässt.

Pascal Prunier

23, rue des Plantes
Tel. 03 80 21 66 56
Nach Vereinbarung
Rotweine der kleinen, feinen Appellation Auxey-Duresses, mit starkem Aroma. Auch ein Hauch Kirschwasser gehört dazu.

Michel Bouzereau et Fils

3, rue de la Planche-Meunière
Tel. 03 80 21 20 74
Nach Vereinbarung
Meursault bedeutet große Weißweine. Dieses Weingut bürgt für exzellente Weiße der Climats Les Grands Charrons und Les Tessons.

Wer wollte nicht einen Weinkeller wie den der Domaine du Château de Meursault besitzen?

Saint-Aubin (F7)

Jean-Claude Bachelet
Rue de la Fontaine
Tel. 03 80 21 31 01
Nach Vereinbarung
Die Appellation Bienvenues-Bâtard-Montrachet ist ein Zungenbrecher, die auf lange Lagerung eingestellten, blumigen Weißweine bügeln anschließend alle Dellen im Gaumen aus. Tipp: der '98er Grand Cru mit Noten von weißer Trüffel.

Santenay (F7)

Mestre Père et Fils
12, place du Jet-d'Eau
Tel. 03 80 20 60 97
Nach Vereinbarung
Seniorchef Philippe hat die längste Erfahrung, doch gekeltert wird nach Familienbeschluss. Heraus kommt an diesem südlichen Ende der Côte de Beaune ein roter AOC Santenay mit langem Abgang sowie ein fruchtiger AOC Aloxe-Corton.

Savigny-lès-Beaune (F7)

Domaine Jean-Jacques Girard
16, rue de Cîteaux
Tel. 03 80 21 56 15
Nach Vereinbarung
Ein >nussiger< Weißwein, dessen Climat den schönen Namen Les belles Filles trägt. Leider sehr begrenzte Mengen.

Volnay (F7)

Reyane et Pascal Bouley
Place de l'Eglise
Tel. 03 80 21 61 69
Drei Jahre muss man mindestens warten, bis dieser typische Appellation Beaune-Rotwein seine volle Kraft entfaltet haben wird. Angesichts der Preise kann die Entscheidung nur lauten: Jetzt schon kaufen.

Domaine Nicolas Rossignol
Rue du Mont
Tel. 03 80 21 62 43
Nach Vereinbarung
Noch ein typischer Appellation Beaune-Rotwein, der Eleganz mit Kraft abrundet. Und ebenfalls das Portemonnaie schont.

Vosne-Romanée (F6)

Domaine de la Romanée-Conti
1, rue du Derrière-le-Four
Tel. 03 80 62 48 80
Diese Weißweine sind legendär. Ein Hauch von Honig setzt ihrer Dichte den letzten Schmelz auf. Eine sichere Investition ist der '99er Grand Cru. Leider sehr teuer…

Côte Chalonnaise

Bouzeron (F7)

Aubert et Pamela de Vilaine
2, rue de la Fontaine
Tel. 03 85 87 04 10
Nach Vereinbarung
Jugendliches Temperament, eine gewisse Leichtfüßigkeit: Der frischgebackene Bürgermeister und Winzer von Bouzeron ist ein Pionier des Aligoté in seiner feinsten Form – jung zu trinken.

Givry (F8)

Domaine Thénard
7, rue de l'Hôtel de Ville
Tel. 03 85 44 31 36
Nach Vereinbarung
König Heinrich IV. hat dem Givry gefrönt, worauf sich man sich gern beruft. Einerlei, der Grand Cru Corton Clos du

Roi ist royal, der Clos Saint-Pierre verspricht heitere Augenblicke.

Mâconnais & Pouilly-Fuissé

Charnay-lès-Mâcon (F9)

La Cave Charnay-lès-Mâcon
En Condamine
Tel. 03 85 34 54 24
Nach Vereinbarung
Von Hand gelesene Trauben ergeben eine unkomplizierte Cuvée. Ein Wein für leichte Stunden.

Fuissé (F10)

Château Fuissé
Tel. 03 85 35 61 44
Nach Vereinbarung
Ein bereits vom Süden verwöhnter Chardonnay, in überragender Qualität gekeltert. Der Wert steigert sich mit dem Alter der Reben. Zu recht berühmt ist die Cuvée Vieilles Vignes.

Château de Beauregard
Tel. 03 85 35 60 76
Nach Vereinbarung
Der neue Kellermeister Joseph Burrier vollbringt wahre Wunder. Die glänzen in goldgrünen Tönen im Glas.

Loire-Tal

Pouilly-sur-Loire (A6)

Barillot Père et Fils
Le Bouchot
36, rue Louis-Joseph Gousse

Tipp

Les Trois Glorieuses

Les Trois Glorieuses heißt das Abschlussritual der Weinlese am dritten November-wochenende. Der Auftakt, ›Le Chapitre‹, wird samstags im Schloss Clos Vougeot mit einem Festbankett der ›Confrérerie des Chevaliers de Tastevin‹ feierlich zele-briert. Seit 1944 ist das Renaissanceschloss Sitz der 1933 gegründeten ›ritterlichen‹ Weinbruderschaft. Unter die roten Roben mischen sich Prominente, darunter Schauspieler, Industriekapitäne und Minister. Ihre Namen sorgen für den nötigen Glamour. Mit dabei ist immer der *tastevin*, eine flache silberne Weinprobierscha-le. Am Sonntag folgt die traditionelle Weinversteigerung in den Hospices de Be-aune. *Pièce* heißen die zu Gebot stehenden Lose. Gemeint sind damit Einheiten zu je 228 Litern. Die von Funk, Fernsehen und der Presse verbreitete Versteigerung markiert den Höhepunkt der ›glorreichen Drei‹. Nicht mit dem Hammer, son-dern mit einem Kerzenlicht, das der Auktionator beim höchsten Gebot löscht, ent-scheidet sich das Wettbieten. Der Erlös geht an soziale oder humanitäre Einrich-tungen. Richtig gefeiert wird noch einmal am Montag zur ›Paulée‹ in Meursault, mit Bankett, Gesang und viel Wein, versteht sich. Ganz wichtig: Wer das Spekta-kel beobachten möchte, sollte frühzeitig an eine Hotelreservierung denken.

Tel. 03 86 39 15 29
Auf den 9,5 ha Weinberge auf den typi-schen Schiefer-Kalkböden der Loire werden hauptsächlich Weißweine der AOC Pouilly Fumé hergestellt. Tipp: die Cuvée Camillium.

Jean Pabiot et Fils
9, rue de la treille
Les Loges
Tel. 03 86 39 10 25
AOC Pouilly Fumé vom Winzer. Tipp: Die Tropfen der Lage Les Fines Cail-lottes, für die nur Blanc Fumé-Trauben alter Rebstöcke gepresst werden.

Saint-Andelain (A6)

Domaine Chatelain
Les Berthiers
Tel. 03 86 39 17 46
Jean-Claude Chatelain kann auf eine Winzerdynastie zurückschauen, die seit 1630 an der Loire keltert. Soviel Erfah-rung schlägt sich in den Weißweinen der AOC Pouilly Fumé nieder.

Irancy

Irancy (C4)

Leon Bienvenu et Fils
Rue Soufflot
Tel. 03 86 42 22 51
Nach Vereinbarung
Rotweine der Appellation ›Bourgogne Irancy‹ (Rebsorten Pinot Noir und Cé-sar) sowie Rosé. Direkteinkauf und Pro-be beim Winzer.

Franck Givaudin
Sentier de la Bergère
Tel. 03 86 42 20 67

Tipp

Weine

Es gibt weder Tafel- noch Landweine trotz einer Anbaufläche von insgesamt 27 379 ha. Die meisten Tropfen tragen das AOC-Label. Beim Benennungssytem unterscheidet man zwischen vier Kategorien: die einfachen *Appellations régionales* (52%) wie etwa ›Bourgogne grand ordinaire‹ oder ›Bourgogne passetoutgrain‹, die gehobeneren *Appellations communales* (gut ein Drittel) wie ›Mâcon-Villages‹, die prestigeträchtigen *Appellations communales* aus Premier Cru-Lage (10 %), die 1936 auf insgesamt 31 festgelegten, hoheitsvollen Grands Crus mit ganzen 3% Marktanteil. Sich auf dem Etikett zurechtzufinden, bedarf einiger Übung. Knapp 90 % der Winzer besitzt weniger als 1 ha Land, was die Vielfalt erhöht. Für Burgund gilt als Faustregel: Je genauer die Herkunftsbezeichnung, desto besser Wein. Das Klassifizierungssystem geht zum Teil auf das Erbe der Zisterzienser zurück, die dem Weinbau in Burgund zum Erfolg verhalfen. Die Mönche ummauerten die besten Parzellen – die sogenannten Clos prägen bis heute das Bild an der Côte d'Or. Auch der Begriff *climat* geht auf die Zisterzienser zurück: Gemeint ist das Zusammenspiel von Boden, Rebsorte, geografischer Ausrichtung, die zusammen für eine unverwechselbare Geschmacksnote bürgen. Fünf Rebsorten begründen den Weltruhm burgundischer Weine: Pinot noir, Gamay (rot), sowie Pinot Blanc, Chardonnay, Aligoté (weiß).

Die wichtigsten Anbaugebiete:

Chablis: erlesene Weißweine von großer Finesse.

Coteaux de l'Auxerrois: Weißweine von herrlicher Frische, feine Rotweine mit langer Lagerungszeit.

Côte de Nuits: kraftvolle, dabei differenzierte Rotweine mit verblüffend reichem Bouquet.

Côte de Beaune: vornehme, elegante Rotweine sowie prachtvolle Weißweine von unvergleichlicher Perfektion.

Hautes-Côtes de Nuits, Hautes-Côtes de Beaune: robuste Rot- und Weißweine mit langer Lagerungszeit.

Côte chalonnaise: Rot- und Weißweine von großer Finesse, die mit denen der Côte de Beaune mithalten.

Mâconnais: solide Rotweine sowie lebendige, aber ausgereifte Weißweine.

Pouilly-Fuissé: noble, gehaltvolle Weißweine mit leichtem Smaragdschimmer.

Pouilly-sur-Loire: charakteristische Weißweine von der Loire von den Rebsorten Chasselas und Blanc-Fumé, die wie die Rotweine aus Cosne-sur-Loire nicht sehr typisch für Burgund sind.

Beaujolais: Nur der nördliche Zipfel gehört zu Burgund, doch das Gebiet wird im allgemeinen mit den burgundischen Weinen abgehandelt. Nur eine Traube, die der roten Gamay Noir-Rebe, kommt in die Kelter. Der Saft ist freilich weiß, was den hellen Rotton des mit den ganzen Trauben fermentierten Weins ausmacht.

Nach Vereinbarung
Vier Jahre, nachdem Givaudin Junior den elterlichen Betrieb übernommen hat, lehrt der ambitionierte Winzer seine Kollegen das Fürchten. Rubinrote Cuvées mit klarer Pinot-Noir-Dominanz.

Chablis

Beine (C4)

Domaine de Pisse-Loup

1, rue de la Poterne
Tel. 03 80 97 04 67
Ein Chardonnay der Appellation Petit Chablis, wie er im Buche steht: goldfarben, schwer und zugleich elegant und blumig im Bouquet.

Chablis (C4)

Domaine Servin

20, avenue d'Oberwesel
Tel. 03 86 42 12 94
Mo–Sa 8–12, 14–18,
sowie auf Ankündigung
Chablis-Weine, Premiers Crus und Grands Crus: Direkteinkauf und Probe. Tipp: der '99er Lage Blanchot.

Domaine Vocoret

9, chemin de Beaune
Tel. 03 86 47 51 60
Nach Vereinbarung
Yvon Vocoret setzt auf unkomplizierte, fruchtige Weine mit Aromen von Melone bis Zitronenmelisse. Erstaunlich günstig: der 1998er Premier Cru Fourchaume, der Chablis Vieilles vignes (50 Jahre alte Rebstöcke).

Domaine William Fevre

21, avenue d'Oberwesel

Tel. 03 86 98 98 98
Mo–Sa 9–12, 14–18 Uhr
Glücklich ist, wer in den beiden Spitzenlagen der Grands Crus Les Preuses und Grenouilles jeweils ein ordentliches Stück besitzt. Hier gedeihen nur absolute Spitzenweine.

Domaine Billaud-Simon

1, quai de Reugny
Tel. 03 86 42 10 33
Mo–Fr 9–12, 14–18 Uhr.
2. Augusthälfte kein Verkauf.
Absolutes Spitzenweingut der Appellation Chablis Premier Cru. Die besten Lagen des 12 ha großen Guts heißen Mont-de-Milieu und Les Preuses mit mineralisch geprägter Note. Elegante Weine mit luftigem Charakter. Tipp: '99er Montée de Tonnerre und Mont de Milieu.

Domaine Jean-Paul Droin

14, bis, rue Jean-Jaurès
Tel. 03 86 42 16 78
Nach Vereinbarung
Renommierbetrieb der Appellation Chablis Premier Cru. Die beste Lage heißt Vaillons: Der '99er ist von nahezu einzigartiger Präsenz im Gaumen.

La Chablisienne

8, boulevard Pasteur
Tägl. 9–12, 14–18 Uhr
Ungewöhnlich: Der ultramoderne Genossenschaftsbetrieb hat eine Kellermeisterin: Nathalie Sèvres beste Resultate sind ein 1999er Premier Cru Fourchaume sowie die Cuvée La Chablisienne aus dem selben Jahr.

Domaine Raveneau

9, rue Chichée
Bernard Raveneau ist ein Ausnahmewinzer. Mit ganzen 7,5 ha gelingen ihm einige der besten Chablis. Die 1998er

Tipp

Foire nationale des Vins

Als Handelsplatz für Wein behauptet sich Mâcon seit dem Mittelalter. Die Lage an der schiffbaren Saône spielte dabei eine gewichtige Rolle. Nicht ganz so alt ist die Foire nationale des Vins, eine landesweit bedeutende Weinmesse, die gleichwohl auf eine 1305 von Philippe dem Schönen bewilligte Handelsmesse zurückgeht. Jedes Jahr Mitte Mai trifft sich die önologische Welt Frankreichs in der südlichsten Stadt Burgunds. Um die Gold-, Silber- und Bronzemedaillen wetteifern im Palais des Expositions nicht nur Winzer aus Burgund. Alle Weinbauregionen sind vertreten, garantiert der Aufkleber ›Médaille d'Or Foire de Mâcon‹ doch reißenden Absatz. Kurzum, eine schöne Gelegenheit, sich durch die französischen Reben zu probieren. In jedem zweiten Jahr wird zudem der Grand Prix Lamartine verliehen. Der Literaturpreis erinnert an den Romantiker Alphonse de Lamartine, Mâcons berühmtesten Sohn.

Premier Crus der Lagen Montée-de-Tonnerre, Butteaux, La Forêt zählen zweifelsohne dazu. Herrlich fruchtig, mit Aromen von Zitrusfrüchten. Leider kein Direktverkauf. Achten Sie im Restaurant oder im Weinhandel auf das Etikett.

Domaine des Iles
12, rue de Poinchy
Tél. 03 86 42 40 98
Mo–Fr 8–12, 13.30–17.30 Uhr, Sa auf Verabredung. August kein Verkauf.
Weine der Appellation Petit Chablis, die

es an Opulenz und Aromenreichtum mit denen der ›größeren‹ Appellation Chablis aufnehmen können.

Collan (C4)

Domaine Hervé Dampt
Rue de Fleys
Tél. 03 86 55 29 55
Nach Vereinbarung
Weißweine der Appellation Petit Chablis, mit einer Note von Bienwachs und Akazie. Tipp: '99er Cuvée Louis de Beaumont.

Fyé (C4)

Domaine Christophe et Fils
La Ferme des Carrières
Tél. 03 86 55 23 10
Nach Vereinbarung
Nur ein Drittel Hektar besitzen die Christophe nördlich von Chablis – was einer Jahresproduktion von 1500 Flaschen entspricht. Tipp: der '99er Chablis Vieilles Vignes.

Vézelay

Vézelay (C5)

Pierre Perthuis
Tél. 03 86 33 27 62
Weißweine vom ›ewigen Hügel‹, eine seltene, da kleine Lage zu Füßen der Basilika. Erst seit 1970 wird in Vézelay wieder Wein angebaut. Zur Zeit auf insgesamt 100 ha.

Henry de Vézelay
La Cave Viticole de Saint-Père
Route de Nanchèvres (D 957 Richtung Saint-Père-sous-Vézelay)
Tél. 03 86 33 29 62

Mo–Fr 8–12, 14–18, Sa, So 10–12, 15–19 Uhr
Pinot Noir und Chardonnay, beide von den sonnenverwöhnten Schiefer-Kalk-Hängen der Colline éternelle.

Tonnerre

Tonnerre (D4)

Les Viticulteurs du Tonnerois
Place M. de Bourgogne
Wein- (Chardonnay und Pinot noir), Verköstigung und Verkauf im Informationsladen der Winzer aus Tonnerre und Umgebung

Beaujolais

Cercié (F10)

Domaine de la Voûte des Crozes
Tel. 04 74 66 80 37
Nicole Chanrion hat das Winzerhandwerk im hochrespektablen Lycée viticole zu Beaune erlernt. Ihrem Côte de Brouilly verleiht der Blaustein am Mont

Brouilly eine unverwechselbare mineralische Note.

Odenas (F10)

Bernard Jomain
Château de la Chaize,
Tel. 04 74 03 47 60
Runde, elegante Crus Brouilly, kraftvolle Crus Côte de Brouilly mit einem Bouquet von roten Früchten.

Romanèche-Thorins (F10)

Domaine Le Moulin à Vent
Tel. 03 85 35 59 39
Die Mühle, die dem Cru Moulin à Vent ihren Namen gab, ist ein Wahrzeichen des Beaujolais. Unser Tipp ist der rubinrote, kirschige '96er Vieilles Vignes von mehr als 60 Jahre alten Rebstöcken.

Saint-Lager (F10)

Chateau de Ravatys
Tel. 04 74 66 47 81
Das herrschaftliche Weingut im Besitz des Institut Pasteur steht für elegante, granatrote Weine. Unser Tipp ist die '99er Cuvée Mathilde Courbe – ein viriler Côte de Brouilly mit holziger No-

Wie wird der Jahrgang? Zur Zeit der Lese ist die Entscheidung längst gefallen.

te und den Aromen von Pflaume und Tabakblättern.

Vauxrenard (F10)

Domaine Le Moulin du Prince
Tel. 04 74 69 92 20
Bernard Mathieu ist ein Pionier des kontrollierten Weinbaus. Fruchtige Beaujolais-Villages, im Eichenfass ausgebaute Cuvées mit Lagerungspotential.

Villié-Morgon (F10)

Caveau de Morgon
Tel. 04 74 04 20 99
Im Keller der Genossenschaft sind die besten Winzer des Cru Morgon vertreten. Unser Tipp unter den sieben Climats (Lagen) sind die ausgewogenen Weine des Climat Corcelette und die zarten Tropfen des Climat Les Micouds.

Domaine de la Chaponne,
La Briratte, Tel. 04 74 69 15 73
Jungwinzer Laurent Guillet heimst eine Medaille nach der anderen für seine Crus Côte de Py und Grand Cras ein.

Hochprozentiges

Cosne-sur-Loire (A5)

Langlois Père et Fils
Pougny, Tel. 03 86 28 06 52
Winzer Michel Langlois macht sich auch mit Likören einen Namen: Crème de Cassis, de Mûres (Brombeere), und de Myrtilles (Blaubeere).

Nuits-St-Georges (F6)

Cassis Védrenne
Rue des Frères Mongolfier

›Die‹ Crème de Cassis für den Kir. Wer's hochprozentiger mag, greift bei den Eaux-de-vie des Hospices de Beaune zu. Auch Weinbrand und Trester sind im Angebot.

Josèphe Cartron
25, rue du Docteur-Louis-Legrand
Marc de Bourgogne (Trester), Eaux de Vie von Mirabelle, Birne, Liköre, und unvermeidlich: Crème de Cassis

Gilles Joannet
Arcennat
Auf Anmeldung, Tel. 03 80 61 22 80
Der ›Liquoriste‹ hat Crème de Cassis, Liköre von Himbeere, Brombeere, Weinbergpfirsich im Angebot.

Tipp

Kir

Ein Aperitif, der den Namen eines Bürgermeisters trägt, dessen eigentliche Berufung freilich das Priesteramt war – das klingt komplizierter als das Rezept ist. Man nehme einen gekühlten weißen Aligoté, füge einen Schuss schwarzen Johannisbeerlikör hinzu, fertig ist der Kir. Der Urheber des Aperitifs, Felix Kir, war viele Jahre ein einfacher Landpfarrer und wäre es wohl auch geblieben, wenn er nicht aufgrund seiner mutigen Résistance-taten 1945 als fast 70-jähriger zum Bürgermeister von Dijon gewählt worden wäre. Das blieb er dann ca. ein Vierteljahrhundert lang, in dem er nicht nur die Geschicke der burgundischen Hauptstadt lenkte und sich mit de Gaulle anlegte, sondern auch einem fruchtigfrischen Aperitif seinen Namen verlieh – dem Kir.

Kulinarischer Sprachführer

französisch	deutsch
agneau	Lamm
agrumes	Zitrusfrüchte
aigre-doux	süß-sauer
aiguillettes de canard	feine Entenbrustfilets
ail	Knoblauch
airelle	Preiselbeere
amandes	Mandeln
ami du Chambertin	weicher Kuhkäse in einer Buchenspan-schachtel
amuse bouche	Appetithappen, der vor dem Menü als Empfehlung des Hauses gereicht wird
aneth	Dill
anchois	Sardellenfilets
andouille	Kuttelwurst
andouillette de Chablis	Innereienwurst in Weißwein
asperges (sauvages/vertes)	(wilder/grüner) Spargel
assiette de crudités	Rohkostteller
assiette de charcuterie	Wurstteller (als Entree)
artichaut	Artischocke
aumônière	eine Art Soufflé
avocat	Avocado
ballotine	Roulade
Banon	Ziegenkäse der Haute-Provence im Kas-tanienblatt
bar	Seebarsch
basilic	Basilikum
bécasse	Waldschnepfe
beignets	Krapfen
betteraves	rote Beete
beurre	Butter
bien cuit	gut durchgebraten (Fleisch)
bière (pression)	frischgezapftes Bier
blanquette de veau	Kalbsfrikassee
blette	Mangold
bœuf	Rind
bœuf bourguignon	Rindfleischtopf mit mariniertem Fleisch und Rotwein

boisson	Getränk
bouchon	Korken
boudin noir	Blutwurst
bouteille	Flasche
bouton de Culotte	Ziegenkäse
braisé, braisée	geschmort
brébis	Schaf, Schafskäse
Brillat Savarin	Käse
brioche	Hefebrot, süß
brochet	Hecht
broche/brochette	Spieß/Spießchen
brouillade (aux truffes)	Rührei (mit Trüffeln)
Cabécou	kleiner Ziegenkäse
cabillaud	Kabeljau
cabri	Zicklein
caille	Wachtel
canard	Ente
caneton	junge Ente
cannelle	Zimt
câpres	Kapern
carré (d'agneau)	(Lamm-)rücken
carrelet	Scholle
cassecroûte	leichte (Zwischen-) Mahlzeit
cassolette de…	Pfannengericht von…
cassoulet	deftiger Eintopf, normalerweise mit Ente, Wurst, Kasseler, Bohnen…
cave	Keller
céleri	Sellerie
cèpes	Steinpilze
champignons de Paris	weiße Champignons
chanterelles	Pfifferlinge
Chaource	junger Kuhkäse mit leicht pudrigem, säuerlichem Geschmack
charcuterie (de Morvan)	Wurst- und Schinkenplatte (mit Spezialitäten des Morvan)
charlotte (aux fraises…)	Dessert aus Löffelbiskuits mit Cremefüllung (Erdbeer…)
châtaigne	Kastanie
chaud, chaude	heiß
chèvre	Ziege, Ziegenkäse
chevreuil	Reh
chou (-fleur)	(Blumen-) Kohl
ciboulette	Schnittlauch
Cîteaux	Weichkäse (Kuh) aus der gleichnamigen Abtei

citronelle	Zitronenmelisse
citrouille	Kürbis
civet de…	Ragout von…
civet de lièvre	Hasenpfeffer
cochon de lait	Spanferkel
coing	Quitte
concombre	Gurke
confit de…	Eingelegtes/Eingekochtes von…
consommée	klare Brühe
copeaux	Scheibchen, Späne
coq	Hahn
coq au vin	Hähnchen in Rotwein
coquillages	Schalentiere
coquilles (St-Jacques)	(Jakobs-) Muscheln
coriandre	Koriander
cornichons	Gewürzgurken
côte de…	Rippenstück vom (Fleisch)
coulis	Sauce, die über das Gericht gegossen wird
coupe de glace	Eisbecher
courgettes	Zucchini
couvert	Gedeck
couteau	Messer
crème anglaise	Vanillecreme (Dessert)
crème chantilly	Schlagsahne
crêpe	dünner Pfannkuchen
crevettes	Garnelen
Crottin de Chavignol	kleiner, runder Ziegenkäse, je härter, desto reifer und würziger
croustade	Blätterteigpastete
croustillant	knusprig, kross
croûte de…	Kruste von…
cru, crue	roh
cuisses de grenouilles/gigot de…	Froschschenkel
cumin	Kümmel
daurade	Dorade, Goldbrasse
déjeuner	Mittagessen
désossé/ désossée	entbeint, ohne Knochen
dessert	Nachtisch
dinde	Puter
dîner	Abendessen
(demi-)douzaine	(halbes) Dutzend
doux/douce	süß
dur/dure	zäh, hart
eau de vie	klarer Schnaps, Obstbrand

eau gazeuse/pétillante	Mineralwasser mit Kohlensäure
eau plate	Stilles Wasser
écrevisse	Flusskrebs
écrevisses à la nage	Flusskrebse im Weißwein- und Kräuter-sud
emincé de…	Geschnetzeltes von…
en carafe (auch: au pichet)	offener Wein
en croûte (de sel)	im (Salz-)mantel
entrecôte	Zwischenrippenstück
epaule	Schulter
epices	Gewürze
epinards	Spinat
Epoisses	würziger, in Trester gewaschener Kuh-käse
escabèche	saurer Sud
escargots (à la bourguignonne)	Schnecken (in Kräuterbutter)
escalope	Schnitzel/Schnitte
espadon	Schwertfisch
faisan	Fasan
farandole de…	Verschiedene Arten von…
farci/farcie	gefüllt
farine	Mehl
faux-filet	Roastbeaf
fenouil	Fenchel
feuille de…	Blatt von…
feuilleté de…	Blätterteig gefüllt mit…
fèves	Saubohnen
figue	Feige
foie gras	Gänse- oder Entenstopfleber
fondant de pommes	Apfeldessert
fourchette	Gabel
fourneau	Ofen
fraises (des forêts)	(Wald-)Erdbeeren
framboises	Himbeeren
friture de Loire	kleine, frittierte Loire-Fische
fromage	Käse
fromage blanc	Quark
fruits	Obst
fruits de mer	Meeresfrüchte
fruits confits	Kandierte Früchte
fruits séchés (auch fruits secs)	Trockenobst
fumé/fumée	geräuchert
galette bourguignonne	Gebäck, würzig
gambas	Garnelen

garçon	Kellner
garnitue	Beilagen
gâteau	Kuchen
gelée	Aspik
gentiane	Enzian
gésier	Geflügelmagen
gibier	Wild
gigot d'agneau	Lammkeule
gingembre	Ingwer
girofle	Gewürznelke
girolles	Pfifferlinge
glace	Eis
glacé/glacée	gefroren, geeist
gougères	mit Käse gefüllte Windbeutel, zum Aperitif oder zur Weinprobe
goût	Geschmack
goûter	probieren
goutte	Tropfen
graisse	Fett
gras/grasse	fett
gratin (dauphinois)	Auflauf (mit Kartoffeln und Sahne)
grenouilles, gigot/cuisses de	Froschschenkel
grillades	Grillgerichte
grillé/grillée	gegrillt
griotte	Sauerkirsche
groseilles noire/rouge	schwarze/rote Johannisbeeren
haricots (verts)	(grüne) Bohnen
homard	Hummer
hors d'oeuvre	Vorspeisen
huile (d'olive)	(Oliven-) Öl
huîtres	Austern
ile flottante	Dessert aus Eischnee in Vanillecreme
infusion	Aufguss, Früchte oder Kräutertee
jambon (cru/fumé/de montagne)	(roher/geräucherter/ Gebirgs-) Schinken
jambon persillé	gekochter Schinken in Petersilien-Gelee
jarret de…	Haxe von…
joue de bœuf	Rinderbacke
julienne de…	feingeschnittene Streifen von…
jus	Saft
lait	Milch
laitue	Kopfsalat
langouste	Languste

langoustines	Scampi
langue de bœuf	Kalbszunge
lapereau	Wildkaninchen
lapereau à la moutarde	Kaninchen in Senfsauce
lapin	Kaninchen
lapin à la bressane	Kaninchen in Sahnesauce
lard	Speck
lavende	Lavendel
légumes	Gemüse
lentilles	Linsen
lièvre	Hase
lotte de mer	Seeteufel
loup (au fenouil)	Seewolf (mit Fenchel)
macéré, macérée	mariniert
magret de canard	Entenbrust
maquerau	Makrele
marc de…	Tresterschnaps von…
marjolaine	Majoran
marron	Esskastanie
melon	Honigmelone
menthe	Minze
meringue	weiches Baiser
mesclun	bunter Blattsalat
miel	Honig
mijoter	köcheln
millefeuille	Blätterteig
morilles	Morcheln
morue	Stockfisch
moules	Miesmuscheln
moutarde	Senf
mouton	Hammel
mousse	Schaumcreme
mur, mure	reif
mûre	Brombeere
nage de…(à la nage de…)	Sud von… (in einem Sud von…)
nature	als Zusatz bei Gerichten: in Salz gekocht, ohne weitere Gewürze
navarin d'agneau	Lammragout
noisettes	Haselnüsse
noisette (de chevreuil)	(Reh-)nüsschen (Fleischstück)
noix	Walnuss
noix de St-Jacques	der feinste Teil der Jakobsmuschel
nougat	Süßspeise, ein weißer Riegel aus Mandeln, Honig, Trockenfrüchten

nouilles	Nudeln
œufs	Eier
œufs en meurette	verlorene Eier in Rotweinsauce mit Speck und Pilzen
oignon	Zwiebel
onglet	Ochsenfleischscheibe
ortie	Brennessel
oseille	Sauerampfer
os	Knochen
pain	Brot
pain d'épices	Gewürz- oder Honigbrot
palais	Gaumen
paleron	Schulterstück
panaché de… parmentière	Verschiedene Arten von… Kartoffelbrei, oder - terrine
parmentier	Kartoffelpüree, frisch und sehr fein
pastèque	Wassermelone
pâté	Pastete
pâtes (fraîches)	(frische) Nudelteigwaren
pâtisserie	Feinbäckerei. auf der Speisekarte: Kuchen
pavé	Fleisch- oder Fischstück in Form eines Plastersteins (Rind, Lamm oder Lachs)
pavot	Mohn
pêche (de vigne)	(Weinberg-)Pfirsich
pêche	Fischfang
perdreau	Rebhuhn
persillade	Petersilie mit Knoblauch, feingehackt
petits farcis	verschiedene junge Gemüse mit Füllung
petits fours	kleines Feingebäck
petits pois	Erbsen
pieds de porc	Schweinefüßchen
pigeon (fermier)	Taube (vom Bauernhof)
pigeonneau	Täubchen
pignons	Pinienkerne
piment doux	milder Gemüsepaprika
pintade	Perlhuhn
pissenlit	Löwenzahn
pistache	Pistazie
plat (du jour)	(Tages-)gericht
plat principal	Hauptgericht
pleurotes	Austernpilze
pôchouse	Flussfischtopf mit Aal, Barsch, Schleie, Hecht, Karpfen und Weißwein

poêlé, poêlée	aus der Pfanne
point (à point)	medium gebraten
poires belle dijonnaise	Birnen mit Johannisbeersorbet
pois chiches	Kichererbsen
poireaux	Lauch
poisson	Fisch
poivron	große Paprika
pomme	Apfel
pommes de terre	Kartoffeln
poissons de roche	kleine Felsenfischchen
porc	Schwein
potée bourguignonne	Eintopf/Suppe
potage	Suppe aus püriertem Gemüse
potiron	Kürbis
poularde	junges Masthuhn
poule	Huhn
poulet	Hähnchen
poulet à la crème	Hühnchenfleisch in Sahne-Weißwein-sauce
poussin	Küken
profiteroles	Windbeutel
prune	pflaume
pruneau	Backpflaume
pulpe	Fruchtfleisch
quenelle de brochet	Hechtklößchen
queue (d'écrevisses)	(Krebs-)schwanz
queues de bœuf à la vigneronne	Ochsenschwanz mit Weintrauben
quiche	Mürbeteichkuchen mit Füllung
râble de lapereau	Kaninchenrücken
raisins	Trauben
raisins secs	Rosinen
ravioles de...	Nudelteigtaschen gefüllt mit...
rillettes	Püree aus Schmalz und Schweinefleisch, auch vom Lachs
ris de veau	Kalbsbries
riz	Reis
rognons de veau	Kalbsnieren
rôti de...	Braten von...
rougets	Rotbarben
Saint-Florentin	ausgereifter Kuhkäse
Saint-Pierre	Petersfisch
salmis	lang köchelndes Ragout, meistens Geflügel

sanglier	Wildschwein
sariette	Bohnenkraut
saucisse	Bratwurst
saucisson	Hartwurst, Salami
sauge	Salbei
saumon	Lachs
sauté, sautée	gebraten
sel (gros sel)	(grobkörniges) Salz
selle (d'agneau)	(Lamm-)rücken
semoule	Grieß
sole	Seezunge
sorbet de…	Wassereis von…
soufflé	leichter Auflauf, süß oder pikant
soumaintrain	Kuh
supplément	Aufpreis
taboulé	Griesgricht (nordafrik. Ursprung), oft als Salat zum Entree
tarte	Kuchen, süß oder salzig
tartelette	Küchlein, süß oder salzig
terrine de…	in der Schüssel zubereitete Pastete von…
thon	Thunfisch
thym	Thymian
tian de…	Auflauf von…
tiède	lauwarm
tilleul	Lindenblüte
tourte	Fleischpastete
tranche	Scheibe
tripes	Kutteln
truffes	Trüffeln
turbot	Steinbutt
vacharin (aux abricots…)	Desserttorte aus Milcheis, Baiser, Sahne (mit Aprikosen…)
veau	Kalb
velouté de…	Rahmsuppe von…
vendanges	Weinlese
vendange tardive	Spätlese
ver	(Trink-)glas
viande	Fleisch
vinaigre	Essig
vinaigrette	Essig-Öl-Salatdressing
vin (mousseux)	(Schaum-)wein
volaille	Geflügel
zeste (d'orange, de citron…)	(Orangen,- Zitronen-)scheibe

Tipps und Adressen

Golfplätze

Burgund ist ein ausgesprochenes Mekka für Golfer. Die Region zählt allein ein Dutzend 18-Loch-Parcours, angefangen vom städtischen Platz bis zum noblen Schloss-Golf. Für Anfänger gibt es zudem fünf Plätze à neun Löcher sowie zwei à sechs Löcher. Auskunft erteilt das CRT Burgund (s. S. 176).

Golf Municipal d'Autun
Base de Loisirs du Vallon
71400 Autun
Tel. 03 85 52 09 28
Städtischer Platz in Fußwegnähe zum Zentrum.

Château de la Frédière
71110 Céron (Marcigny)
Tel. 03 85 25 27 40, Fax 03 85 25 06 12
E-Mail: golfafrediere@europost.org
Golfhotel in einem Schloss mit eigenem Platz.

Golf public de Chalon-sur-Saône
Parc de Loisirs St-Nicolas
71380 Châtenoy-en-Bresse
Tel. 03 85 93 49 65, Fax 03 85 93 56 95
Städtischer Platz.

Golf du Nivernais
Le Bardonnay
58470 Magny-Cours
Tel. 03 86 58 18 30, Fax 03 86 58 04 04
www.cg58.fr
18-Loch-Platz. 5586 m, par 72.

Le Golf du Château d'Avoise
9, rue de Mâcon
71210 Montchanin
Tel. 03 85 78 19 19, Fax 03 85 78 15 16
www.golf-avoise.com
Golfplatz zu Füßen eines Schlosses.

Golf Jacques Laffite
Dijon Bourgogne
Bois de Norges
21490 Norges
Tel. 03 80 35 71 10, Fax 03 80 35 79 27
www.golfdijonbourgogne.com
Der Golfplatz für ›tout Dijon‹.

Golf de Beaune-Levernois
21200 Levernois
Tel. 03 80 24 10 29, Fax 03 85 24 03 78
Eleganter Golfplatz mit Anschluss an die Spitzengastronomie.

Château de Chailly
21320 Chailly-sur-Armançon (Pouilly-en-Auxois)
Tel. 03 80 90 30 40, Fax 03 80 90 30 05
www.chailly.com
Elitärer 18-Loch-Platz (s. S. 96).

Le Golf de Mâcon
Château de la Salle
71000 Mâcon
Tel. 03 85 36 09 71, Fax 03 85 36 06 70
www.golfmacon.com
Anspruchsvoller 18-Loch-Parcours sowie einfacher 9-Loch-Parcours. Beide erstrecken sich um das aus dem 19. Jh. stammende Schloss, dessen denkmalgeschützte Kapelle freilich nochmals 700 Jahre älter ist. Der 1987 verwirklichte

Entwurf des Architekten Robert Berthet umfasst drei Teiche, Restaurant und Reitstall inmitten der Weinberge. Anfängerkurse ›Golf découverte‹ ab 125 €.

Golf du Domaine du Château de Roncemay
89110 Chassy (Aillant-sur-Tholon)
Tel. 03 86 73 50 50, Fax 03 86 73 69 46
www.roncemay.com
Der Golfplatz mit 18 Löchern liegt eingebettet in die 145 ha große Parklandschaft eines Herrenhauses – *very british*. Mit kleinem, sehr noblem Hotel, s. S. 44.

Blue Green Golf de Quétigny Bourgogne
Rue du Golf
21800 Quétigny
Tel. 03 80 48 95 20, Fax 03 80 48 95 25
www.golfquetignybourgogne.com
18-Loch-Platz. 5641 m, par 71.

Golf de Clairis
89150 Savigny-sur-Clairis
Tel./Fax 03 86 86 33 90
18-Loch-Platz. 5779 m, par 72.

Wellness

Thermes de Bourbon-Lancy
71140 Bourbon-Lancy, Place d'Aligre, Tel. 03 85 89 18 84, Fax 03 85 89 25 45
Wegen der 58 °C heißen Quellen war das Städtchen am rechten Loire-Ufer schon in der Antike Thermalbad. Im Belle-Époque-Komplex kurt man zur Linderung von Rheuma und Herz-Kreislauf-Problemen. Gleich nebenan liegt die neue **Domaine Damonia** (Quartier thermal, Avenue de la Libération, Tel. 03 85 89 67 37), ein modernes Wellness-Bad.

Kochkurse

La Côte Saint-Jacques
89300 Joigny
14, faubourg de Paris
Tel. 03 86 87 18 26, Fax 03 86 91 49 70
www.relaischateaux.fr/lorain
›L'A.B.C. de la Grande Cuisine‹ heißen die Kochkurse des Sternekochs Jean-Michel Lorain in seinem Restaurant ›La Côte St-Jacques‹ – eine Einführung in die große Küche Burgunds, s. S. 112.

Chocolatier Dufoux
71800 La Clayette
Tel. 03 85 28 08 10
An jedem ersten Mittwoch des Monats veranstaltet der berühmte Chocolatier in seinem ›Centre du Goût de Bourgogne Sud‹ Kurse in der hohen Kunst der Pralinenherstellung.

Loisirs Accueil de L'Yonne
89000 Auxerre
1–2, quai de la République
Tel. 03 86 72 92 10, Fax 03 86 72 92 14
www.tourisme-yonne.com
Im Herbst Pilze suchen und zubereiten mit *chef de cuisine* Francis Salamolard (s. S. 106), burgundische Rezepte erlernen in einem Restaurant am Ufer des Serein.

Ecole d'Hôtellerie et de Tourisme St-Bénigne
21000 Dijon
99, rue de Talant
Tel. 03 80 58 33 43, Fax 03 80 57 31 13
www.sb.tm.fr
Gruppen von vier bis 20 Personen werden in die ›Burgundische Küche‹ (2,5 Std., 39 €) eingeführt. Teurer wird es beim ›Gänseleberpastete-Kochkurs (2,5 Std., 69 €). Zum Abschied gibt es eine Schürze, eine Serviette und natürlich die Rezepte. Mit Dolmetscherdienst.

La Cuisine régionale
21530 La Roche-en-Brenil
Tel. 03 80 64 72 68, Fax 03 80 64 76 80
Huguette Charlot lehrt in sehr privater Atmosphäre die Kniffe der bodenständigen, urburgundischen Küche.

Hostellerie Bourguinonne
71350 Verdun-sur-le-Doubs
Tel. 03 85 91 51 45, Fax 03 85 91 53 81
www.hostelleriebourguinonne.com
Halbtägige Kochkurse für Kinder, eine ›Gastronomische Woche‹ für Erwachsene – im hübschen Städtchen an der Doubs ist das erste Haus am Platz nicht nur für Restaurantbesucher eine sichere Adresse.

Spezialanbieter

stb-reisen
Platter Str. 87
65232 Taunusstein
Tel. 06218/98 25 13, Fax 06218/98 25 15
www.stb-reisen.com
Radwandern durch die ›Grands Crus des Burgund‹ oder ›Feinschmeckerwege – gastronomische Entdeckungen per Rad‹ lauten zwei Angebote aus dem Katalog: Josette Naschke, die dynamische Chefin des kleinen, feinen Reiseunternehmens, kennt sich bestens in Burgund aus.

Locaboat Holidays
Ludwigstr. 1
79104 Freiburg
Tel. 0761/207 37 37, Fax 207 37 73
www.locaboat.de
Hausboote auf den Kanälen Burgunds können ohne Führerschein gemietet werden. Der Verleiher Locaboat Holidays unterhält sechs Niederlassungen an den Kanälen der Region. Saison ist von Ende März bis Mitte Oktober.

Crown Blue Line
Marktplatz 4
61118 Bad Vilbel
Tel. 06101/50 10 33, Fax 50 10 66
E-Mail: info@crown-blueline.com
Der Basishafen der schnittigen Flussschiffe ist das Saône-Städtchen St-Jean-de-Losne, südöstlich von Dijon. Von dort geht es über die Saône nach Tournus, weiter über die Seille bis Louhans, oder über den Canal du Centre in die Weinberge bei Chagny, oder über den Canal den Bourgogne nach Dijon und bis Pont d'Ouche.

Terranova reisen
Hirschsprung 8
63263 Zeppelinheim
Tel. 069/69 30 54
www.terranova-touristik.de
›Romantisch reisen mit dem Fahrrad‹ wirbt der Katalog. Gemeint ist damit: Zwei Reisebegleiter betreuen die max. 20 Personen große Gruppe beim Radwandern durch Burgund. Der Begleitbus folgt. Räder werden gestellt.

Französisches Reisebüro
Schillerstr. 7
10625 Berlin
Tel. 030/26 11 019, Fax 26 29 684
www.franzoesischesreisebuero.de
Urlaub à la carte oder pauschal, vom Städtetrip bis zum Sprachkurs. Nicht nur in Burgund, sondern in ganz Frankreich.

Feinschmecker-Seminare Exquisite Küche Gertrud Liebhaber
Neptunweg 9
82205 Gilching
Tel. 08105/42 49, Fax 18 22
Kochseminare und Weinreisen in der Spitzengastronomie. Immer mit dabei: ein Name aus dem Guide Michelin. Im jährlich wechselnden Programm ist Burgund vertreten, etwa mit den Wein-

Stille Tage vorm Château, so wie hier in Châteauneuf-en-Auxois

reisen ›Burgund weiß: Könige des Weißweins‹ oder ›Burgund rot – Pinot noir vom Feinsten‹ .

Aktivurlaub

Wandern

Ein dichtes Netz ausgeschilderter Wanderwege überzieht die Region. Fernwanderwege (GR, weißrote Markierung) ermöglichen mehrtägige Touren. Hinzukommen etliche Tages- oder Halbtagestouren. Die Schwierigkeitsgrade wechseln von anspruchsvoll (Gebirgslandschaft des Morvan) bis einfach (Weinberge der Côte d'Or). Über die Vereinigung France Randonnée (9, rue Mordelaises, F-35000 Rennes, www.france-randonnée.com) kann man zwischen über 20 in Verbindung mit dem CRT Burgund erarbeiteten Wanderrouten auswählen – zum Pauschalpreis mit Gepäcktransport, Übernachtung sowie auf Wunsch mit Begleitung.

Fahrrad und Mountainbike

Wer sein Fahrrad im Zug mitnehmen will, sollte eine Versicherung abschließen. Die französischen Eisenbahnen SNCF verlangen für den Transport eine Pauschalgebühr, die nur bei Gepäckversand gilt. Wer das Rad direkt im Zug mitnehmen möchte, zahlt eine weitaus höhere Summe. Versandkartons erhält man im Fahrradladen, aber auch auf jedem französischen Bahnhof. An vielen Bahnhöfen verleiht die SNCF Fahrräder im train + vélo-Service. Es gibt Touren für jeden Schwierigkeitsgrad. Für anspruchsvolle Mountainbiker empfiehlt sich **Morvan VTT** (58230 St-Brisson, Maison du Parc, Tel. 03 86 78 71 77, E-Mail: morvanvtt@wanadoo.fr) mit 137 ausgewiesenen Pisten von vier bis 50 km Länge durch die Morvan-Berge, mit oder ohne Begleiter. Bequemer sind die Zwei- bis Neun-Tage-Touren mit Gepäcktransport im Département Yonne. Buchung über **Loisirs Accueil de l'Yonne** (89000 Auxerre, 1–2, quai de la République, Tel. 03 86 72 92 10, Fax 03 86 72 92 14, www.tourisme-yonne.com)

Reiten

**Comité Régional
d'Équitation de Bourgogne**
21000 Dijon
15, rue Pierre de Coubertin
Tel. 03 80 38 29 95, Fax 03 80 31 62 93
Das Büro erteilt Auskunft über alle Reitschulen und Reitwanderprogramme in Burgund. Zwei Empfehlungen:

Centre équestre du Pays de Saulieu
21210 Saulieu
Tel. 03 80 64 04 45, Fax 03 86 76 18 56
www.centreequestredesaulieu.fr
Reitkurse für jedes Alter und Schwierigkeitsgrad, mit Pferd oder Pony. Pferdewanderungen.

Les Randonnées de Haute Bourgogne
21330 Griselle
Rue de la Laignes
Tel. 03 80 81 46 15, Fax 03 80 81 62 77
E-Mail: rando.equestre@gio.fr
Ausritte von ein bis zwei Stunden Dauer, Tagesausflüge (58 € inklusive Mittagessen) und Wochenprogramme (91 €

pro Tag/Person inklusive Unterkunft, Verpflegung).

Rafting, Kanu, Kajak

A.B. Loisirs Armes-Clamecy
58500 Armes
Tel. 03 86 27 01 31, Fax 03 86 24 89 78
www.abloisirs.com
Kajak- und Kanutouren. Besonders schön ist die Abfahrt auf der Yonne im Kanu.

Olympique Canoe Kayak Auxerrois
89000 Auxerre
Avenue Yver Prolongée
Tel. 03 86 52 13 86
Wildwasserfahrten (Rafting, Kanu, Kajak) auf der Cure, dem Chalaux, der Yonne.

Über den Wolken

Air Adventures
21320 Chailly-sur-Armançon
Tel. 03 80 90 74 23, Fax 03 80 90 72 86
www.airadventures.fr
Burgund aus der Vogelperspektive – im Ballon.

France Montgolfières
21350 St-Thibault
Place de l'Eglise
Tel. 06 14 08 69 36
Reservierungen Tel. 01 47 00 66 44
http://franceballoons.com
Kommentierte Ballonfahrten über dem Grabungsfeld von Alesia, Sightseeing-fahrten nach Wunsch.

Pleine AIR Ecole de Pilotage
21410 Fleury-sur-Ouche
Tel. + Fax 03 80 33 65 78
E-Mail: denis.barbie@free.fr
Hier kann man lernen, wie man ein Ultraleicht-Flugzeug in der Luft hält.

Reiseservice

Anreise und Ankunft
Air France fliegt tägl. von 10 deutschen **Flughäfen** nach Paris. Vom TGV-Bahnhof am Flughafen Charles-de-Gaulle geht es direkt weiter nach Dijon: einige Flüge und Züge sind aufeinander abgestimmt – der schnellste und bequemste Weg nach Dijon. Darüber hinaus wird der internationale Flughafen Lyon-St-Exupéry von Air France direkt angeflogen, z. Zt. von Düsseldorf, Frankfurt, Stuttgart, München tägl. nach Lyon (Reservierungszentrale Air France 0180/5 83 08 30). Weitere Verbindungen mit Lufthansa. Alle großen Leihwagenvermieter sind am Flughafen vertreten.

Die **Bahn** ist im Zeitalter des TGV (Hochgeschwindigkeitszug) eine Alternative: Dijon ist auf 1,5 Std. an Paris (Abfahrt Gare de Lyon) gerückt. Weitere TGV-Bahnhöfe sind Mâcon und Lyon. Reservierung und Zuschlag erforderlich! Fahrplanauskünfte und Fahrscheine über das Straßburger Raileurope-Büro der SNCF (deutschsprachig), Tel. 08/23 35 35 36. Landesweite Frankreich-Auskunft der französischen Eisenbahn SNCF Tel. 08/36 35 35 35, tägl. 7–22 Uhr (www.sncf.com). An vielen Bahnhöfen verleiht die SNCF Fahrräder im train + vélo-Service.

Wer mit dem **Auto** anreist: Reisende aus dem Norden und Westen erreichen Dijon via Metz/Nancy über die A 31, Reisende aus dem Süden via Straßburg, Mulhouse, Belfort über die A 35 bzw. A 36. Den allsommerlichen Stau auf der A 6 zwischen Beaune und Lyon kann man vermeiden: Die neue A 39 verbindet Dôle mit Bourg-en-Bresse. Der Weg in den Süden verkürzt sich so um 20 km. Autobahnen sind gebührenpflichtig (*péage*, zu zahlen mit Bargeld oder Kreditkarte). Vor Antritt der Reise sollte man sich einen Auslandsschutzbrief (Unfall, Krankheit, Diebstahl) besorgen. Deutsche sind mit der grünen Versicherungskarte gut beraten.

Einreise
Für EU-Bürger reicht der Personalausweis. Schweizer brauchen einen gültigen Reisepass. Kinder unter 16 Jahren ohne eigenen Ausweis müssen im Reisedokument der Eltern eingetragen sein.

Offizielle Feiertage
Neujahr
Ostermontag
1. Mai (Tag der Arbeit)
8. Mai (deutsche Kapitulation 1945)
Pfingstsonntag
14. Juli (Nationalfeiertag)
15. August (Mariä Himmelfahrt)
1. November (Allerheiligen)
11. November (Waffenstillstand 1918)
25. Dezember (Weihnachten)

Information
In Deutschland informieren zwei Vertretungen der Maison de la France über alle im Burgund-Urlaub wichtigen Belange:
Westendstraße 47
60325 Frankfurt/Main
Tel 0190/57 00 25, Fax 0190/59 90 61
oder

Keithstraße 2–4
10787 Berlin
Tel. 0190/57 00 25, Fax 0190/59 90 61.

Maison de la France in Österreich:
Argentinierstraße 41a
1040 Wien
Tel. 01/5032890, Fax 01/5032871,

Maison de la France in der Schweiz:
Löwengasse 59
8023 Zürich
Tel. 01/2113085, Fax 01/2121644.

Die Maison de la France verschickt die Regionalbroschüre ›Tours de France Burgund‹ sowie Prospekte zu Spezialthemen. In Burgund hält das Comité Regional du Tourisme de la Bourgogne (CRT), 5, avenue Garibaldi, BP 1602, F-21035 Dijon Cedex, Tel. 03 80 28 02 80, Fax 03 80 28 03 00, ausführliches Material (auch auf Deutsch) zur gesamten Region sowie etlichen Spezialthemen bereit (z. B. Weinkeller, Flusstourismus, Auf den Spuren der Zisterzienser…). www.bourgogne-tourisme.com. Jedes Département unterhält ein Comité Départemental du Tourisme (CDT) mit vergleichbarem Service im Rahmen seines Gebiets. In größeren Orten hilft ein Office de Tourisme weiter. In kleineren Orten übernimmt oft ein Syndicat d'Initiative diese Aufgabe. Wenn kein eigenes Büro ausgeschildert ist, wendet man sich am besten ans Rathaus (*mairie*).

Informationen im Internet:
www.bourgogne-tourisme.com: (s. o.)
www.terroirs-b.com: Informationen über landwirtschaftliche Erzeugnisse, auch Weingüter
www.cr-bourgogne.fr: Offizielle Seiten der Regionalregierung mit vielfältigen Informationen

www.bivb.com: Offizielle Seiten der burgundischen Winzer
www.grands-espaces.fr: Sport- und Freizeitangebote im Regionalpark Morvan
www.culture.fr/bourgogne: Museen, Festivals, Archäologie, Kulturelle Veranstaltungen, Tanz, Theater…
http//sites-bourguignons.
ifrance.com: Das Adressbuch der Kommunen

Verkehrsregeln
Innerhalb geschlossener Ortschaften gilt 50, auf Landstraßen 90, Schnellstraßen 110, Autobahnen 130 km/h Höchstgeschwindigkeit. Das Schild ›Toutes directions‹ (alle Richtungen) weist die Streckenführung für Durchreisende aus. Im Kreisverkehr hat man Vorfahrt. Die Alkoholgrenze liegt bei 0,5 Promille – es wird vehement kontrolliert. Anschnallen ist Pflicht. Die Geldbußen für Verkehrssünder sind drakonisch, der Führerschein ist bei extremen Rasen und Alkoholkonsum sofort weg. Das Tankstellennetz ist dicht. Benzin (*essence*) ist teurer, Diesel (*gazole*) günstiger als in Deutschland. Bleifrei tanken (*sans plomb*) kann man an jeder Tankstelle. Auf Autobahnen kann Pannenhilfe über die Notrufsäulen angefordert werden, auf Landstraßen und in Ortschaften über den Polizeinotruf 17. Der ADAC unterhält einen deutschsprachigen Notrufdienst in Lyon, Tel. 04 72 17 12 22.

Register

Hotels und Chambres d'hôtes

Abbildungsnachweis/Impressum

Alle Abbildungen von **Karl Johaentges,** Hannover
Außer: Titelbild Mitte: Christian Heeb, LOOK, München
Kartografie: DuMont Reisekartografie
© 2002 DuMont Reiseverlag, Köln

Abbildung S. 8/9: Hostellerie de la Poste, Avallon
Abbildung S. 82/83: Ferme Auberge de Lavaux, Châtenay
Abbildung S. 136/137: Belle-Époque-Markthalle in Dijon

Die Deutsche Bibliothek – CIP-Einheitsaufnahme

Simon, Klaus:
Burgund : Landhotels & Restaurants, Weingüter, Einkaufen
[mit großer Karte] / Klaus Simon. -
-Köln : DuMont Reiseverlag, 2002
(DuMont Reisen für Genießer)
ISBN 3-7701-5956-X

Grafisches Konzept: Groschwitz, Hamburg
© DuMont Reiseverlag, Köln
1. Auflage 2002
Alle Rechte vorbehalten
Druck: Rasch, Bramsche
Buchbinderische Verarbeitung: Bramscher Buchbinder Betriebe

Printed in Germany   ISBN 3-7701-5956-X